吉村葉子

JN178191

フランス人は
人生を三分割して味わい尽くす

講談社+α新書
プラスアルファ

はじめに――人生を三分割して味わい尽くすフランス人の黄金律

本書を執筆したおかげで、フランスと日本の関係が私の中で整理された。フランスという国にも、そこで暮らすフランス人にも、たくさんいいところがある。もちろん私たち日本人は、日本が大好きだというのが大前提である。この際だから、フランスと日本のいいとこ取りで暮らせたら、これからの私たちの暮らしに磨きがかかる気がする。

自分が生まれ育ったふるさとを、口ではきらいだと言う人がいたとしても、私は信じない。きらうとしたら、それは近親憎悪という複雑な心情であって、愛情の裏返しではないか。きらう気持ちが強いほど、故郷を愛している証拠だと、ふるさとがない私のような人間は思う。

今、私たち日本人とフランス人の立ち位置が、完全に対等なものになった。フランスへの片思いの時代は、確実に終わった。そしてこの先、相思相愛に発展するかどうかが気になる。

政治的な日仏関係も、とても良好に見える。なによりフランス人は、日本文化の一番の理解者であるといったら穿《うが》ちすぎだろうか。そこでもういちど改めて、フランスに学ぶものがまだ、なにかありはしないかと思って彼らの生態をじっくり眺め直してみた。そして、その矢先に、あることに思い至ったのだった。それは彼らの人生における黄金律ともいえる、人生を三分割して考える彼らの生活セオリーがあることに気づいた。

「これは面白い」、「これは使える」とまわりの方々にいっていただいたことが著者として、さらなる自信につながった。

詳しいことは本著をお読みいただくとして、三分割の中身について簡単に申し上げよう。まず生まれてから、学校が終るまでが『学びの段階』の第一期。そして社会に出て伴侶を見つけて家庭を持つ、いわば『育ての段階』が始まる。青春期と壮年期の、このふたつの時期が人生のホップとステップになり、やがてジャンプの時期が来る。すなわち、緩やかな着地を想定した、『第三段階』が訪れる。「ふむふむ」、ケジメという言葉が大好きな私たち日本人にとって、フランス人のいう人生を三分割で味わうフランス人の発想が、まことに心地よい。

私たちの少し上の世代の親仏派が往々にして使った、「フランス好きのフランス人ぎらい」などという言い方があった。パリの町やフランスの歴史や文化は魅力的だが、理屈っぽいフランス人はご免だと言っていたわけだ。そのころに誰が、現在の「日本大好き、日本人はもっと好き」と目を輝かせて、焼き鳥を頰《ほお》ばるフランス人の姿を想像できただろう。

文化風俗も対極にあると思っていたフランスという国と、そこで暮らすフランス人をじっくり眺めてみると、私たち日本人とあんがい似通ったところがあるではないか。彼ら、彼女たちが気取って見えたのは錯覚で、素顔のフランス人はむしろひょうきんだ。

そして、もっとよく知ると私たち日本人の感性が、アメリカ人よりフランス人に近いことに気付く。大量生産、大量消費を手放しで喜べないし、物が捨てられない点でも私たちとフランス人は似ている。もちろん当のフランス人にも、私たちのそうした気持ちは以心伝心。「ここは、アメリカではないんだ。私たちは、アメリカ人とは違うんだから」という共通意識ゆえに、日仏の親密感が深まる。日本人と仲良くなりたいといって、私たちに微笑み返す、ちょっと見、おしゃれなフランス人が、そこかしこにいると思っていただきたい。

この一冊が、生まれ育ち、生涯をともにする日本という国の味わいと、1万キロ離れたフランスの魅力をないまぜにしたような本だとお感じいただければ、著者冥利に尽きます。そして、両国のいいところだけ抽出して、皆さんのこれからの生活のお役に立てればと存じます。

二〇一五年七月

吉村葉子

◉目次

第二章　食：フランス人の舌がグルメに形成されるまで

第三章　人生：三分割で立てる生活設計

第四章　おしゃれ：「いいものを大切に」ではなく「安いものでも大切に」

第五章　仕事：フランス人は働かないという誤解

第六章　コミュニケーション：「疲れさせない・疲れない」がおもてなしの極意

第一章　お金：懐具合は究極のプライバシー

お金の話題はご法度《はっと》って本当？

『お金がなくても平気なフランス人　お金があっても不安な日本人』（講談社文庫）が安定した売れゆきを保っているおかげで私は、いつしかお金の話が得意なエッセイストとして定着しているようだ。ところがどうして、このタイトルが微妙で、「本当はお金がなくても平気じゃないけれど、平気なふりをしているだけ」と、真情を吐露するフランス人の親友たちがいる。

「私たちフランス人だけが、お金がなくても平気なはず、ないじゃない」とか、「日本人は、やっぱりリッチだと思う。フランス人の誰もが、本当はお金がなくて困っているの。ワーク・シェアリングで週の労働時間は35時間に減ったけれど、お給料がふえたわけじゃないもの。余暇がふえたのはうれしいけど、お金を使わずに時間を潰す方法を考えるのに、真剣に頭を使っているんだわ」と、金欠病の蔓延は、日本の社会より深刻である。

ところが次が肝心で、彼女たち彼らに前掲著のタイトルのフランス語表記を見せると、「なるほど、たしかに私たちはお金がなくても平気かも」と言ったあと、決まってこう続ける。

「もし、私がお金がなくて困っていると言ったとして、だれかが私にお金をくれるとでもいうの？」と。

こう書きながら、皮肉にも思い出す光景がある。前から歩いてくる高校生ぐらいの男の子のひとりが、すれちがいざまに私に、こう懇願したのだった。

「ボンジュール・マダム。すいませんが僕に、1ユーロくれませんか？」

世の中がユーロに切り替わる前は、5フランだったから、彼らの要求額もインフレだ。とはいえ彼らも相手を見てやっていることで、世間の大人たちが自分たちにやすやすとお金をくれるとは思っていない。むしろ反対で、世の中には酔狂もいるかもしれないから、ダメもとでやっている。

話をもとに戻すと、早い話がフランス人は、よほど親しい間柄でも、自他とものお金の話題に触れたがらない。会食が大好きで、世界一おしゃべりな彼らだが、人が集まった時に話題がお金関連に及ぶことはまずない。自分だけでなく、他の人がもらっているお給料のことが話のネタになることなど、あり得ない。

かといって彼らがお金に無関心かといえば、即座に「ノン！」である。名うての締まり屋集団の彼らの金銭感覚は相当なもので、20年暮らしたパリでふえ続けた親友たちに、ひとりもケチじゃない人はいない。ケチに徹した彼らをして、よく言えば研ぎ澄まされた金銭感覚の持ち主であるとしておこう。お金の話題がご法度なのは、フランス人にしてみれば、お金の話は究極のプライバシーだからである。

パーティーなど人が集まった席で、当たり前のようにお給料の話をするアメリカ人とフランス人の違いも、そこにある。それが証拠に、ゼネラル・モーターズのCEO（最高経営責任者）の年俸がニューヨーク・タイムズで報じられることはあっても、エールフランスの社長の給料がパリ・マッチに載ることはない。懐具合はおヘソの下と同じで、究極のプライバシーである。

残ったバゲットに板チョコを挟んでバゲット・オ・ショコラ

拙著をお読みくださっている方は、「ハハーン、あれか」とすぐお気づきになるだろうか。そうです、食べ残したバゲットを縦に裂いて、そこに板チョコを挟んだバゲット・オ・ショコラのあれだ。ほんのり塩味がきいたバゲットとチョコレートの相性は、目からウロコの美味しさである。

お試しくださった大勢の方の、いずれもが大成功。挟むチョコレートは、こげ茶色の包装紙の明治の板チョコで十分。お金をかけずに、こんなに美味しいものが、こんなに簡単にできるなんてと、みなさんから大絶賛されている。

そもそも私がバゲット・オ・ショコラを知ったのは、遠い遠い昔も昔。今では彼女の子ども時代の話など恥ずかしくてできないほど大人になってしまった、パリで生まれ育った娘のエコール・マテルネルと呼ばれている幼稚園の送り迎えをしていた、ある日のことだった。

フランスには、日本でいう保育園が幼稚園に一本化されている。母親の産休明けから子どもを預ける託児所が終わると子どもたちは、ほぼ自動的に幼稚園に進む。有資格の保育士さんが自宅で、定められた人数の幼児を預かってくれる制度もあるが、それも幼稚園に上がるまでのこと。その年の12月末までに3歳になる幼児が、新学期の9月に入園してから丸三年。朝の8時半に送り届け、迎えに行くのは夕方の4時半だから、幼稚園が充実している。あの日もきっかり4時半に他のお母さんやベビーシッターさんたちと、クラスメイトと一緒に出て来る娘を幼稚園の門の前で待った。

保護者たちはそれぞれに、自分の子どものためのおやつを持参。お昼の給食からなにも食べていないのだから、幼児のお腹はぺこぺこだ。迎えに来ているママやベビーシッターさんたちの手から、おのおのに子どもたちがおやつをもらった。そんなとき、私が近くのパン屋さんで買って持っていたパン・オ・ショコラを見た娘が私にしかわからない日本語で、こう文句を言ったのだった。

「ちがう、これじゃないの。あの子がママからもらって食べてる、あのパン・オ・ショコラが欲しいの」と。

日本人は私たち母娘しかいなかったから、周りの人はだれも、私たちの話の内容に気がつかないはずだという幼い娘の目算は、そのとき見事に外れた。隣の女の子の、母親が笑った。

彼女は娘の気持ちを即座に理解し、私に同情的ですらあった。国は変わっても言葉が通じなくても、幼子が考えそうなことぐらいわかるらしい。余裕で笑って彼女が私に、こう言ったのだった。

「うちは子どもが3人いるから、おやつに散財はできないの。子どもたちは本当はブランジュリーで売っているパン・オ・ショコラを食べたがるけれど、残ったバゲットでがまんさせるのよ。これなら、板チョコさえあればタダだもの。バゲット・オ・ショコラを日本人の女の子が羨ましいだなんて、夫が聞いたら喜ぶわ」

ありがたいことで、それ以来、バゲット・オ・ショコラが、私の十八番になった。安くて美味しくて、フランス人のエスプリがきいたバゲット・オ・ショコラは、三拍子そろった最高のおやつだ。

細かすぎるフランス人の割り勘

群れるのは、日本人や中国人ばかりではない。群れそうもないフランス人が群れたときの騒々しさといったら、私たち日本人より凄まじい。ある昼下がり、左岸で最も人気のリュクサンブール公園にあるカフェでのことだった。

公園の正面の鉄の門扉を入ると木々の植え込みのかなたに、いかにもパリらしい佇まいのオープン・カフェが見え隠れする。そこが私のパリ時代の、とくにお気に入りの場所だった。人影がまばらで静かな平日とは打って変わって、週末のカフェは人でごった返していた。あの日の午後の私は、ギャルソンにすすめられた静かな席を断り、団体さんの脇の空きを指さしてうるさい席に座った。

彼らの横の席で私は、おしゃべりの一部始終を耳をダンボにして聴いた。他人の話を盗み聴きするのは誉められたことではないが、あのとき、読みかけの文庫本の頁はまったく進まなかった。数えて、総勢11人。のべつ幕なしにしゃべる騒がしさは半端ではなかったが、11人で11色の人間ドラマが観戦できそうな予感に心躍った。

公園を散歩した後の一団のほとんどが、勤め人時代の同僚だそうである。社内結婚した2組のカップルを交えて、男性が6人で女性が5人。3組目のできたてほかほかの熟年カップルのお披露目が、この日の主題のようだった。

カフェの真ん中に陣取った11人が、おのおのが好きな飲み物を注文。それにしても公園内のカフェだというのに、給仕するギャルソンの優秀さは特記に値する。11人がドリンクを注文しても、メモなしでオーダーを通し、ひとつのまちがいもなくテーブルに運んだのはさすがだ。

ビールが3人いたほかは、ひとりずつ別のものを注文。みんなが違うものだと、ギャルソンが気の毒だからなどという気配りは、フランス人はしない。赤ワイン、白ワイン、カフェ・オ・レにエスプレッソ、コーヒーに牛乳たっぷりの朝食用カフェ・オ・レではなく、コーヒーに濃い牛乳を加えるカフェ・クレームがあった。最後の3人が紅茶のダージリンとアッサムとコカ・コーラである。

30分ほどしてひとりがギャルソンに、水をたのんだ。ミネラルウォーターを注文しなければ、水といえばギャルソンは無料の水道水を持ってくる。どこのカフェでも使っている、丈夫なデュラレックスのグラスをギャルソンが全員に配り、普通の水を入れた透明な3本のボトルを3ヵ所に置いた。そして11人が銘々に、ギャルソンに「メルスィー」とお礼を言った。

そして圧巻は、全員が割り勘で支払ったときの騒々しさだった。さすがに3組のカップルは、2人分の代金を足し算。ギャルソンにただした個々の値段に、それぞれにチップを上乗せした代金を、テーブルにまとめて置いた。あのときの11人の顔と注文したドリンクと、硬貨が残されたテーブルの喧噪《けんそう》の余韻が、今も私の脳裏に焼き付いて離れない。計算が苦手なはずのフランス人にあってカフェのギャルソンは、暗算の名手である。

誰もが経験する極貧の学生時代

ちょっとしたスーパーならどこにでもシャルキュトリーといって、ハムやペーストなど、豚肉加工品の計り売りコーナーがある。スーパーでなく市場のマルシェだと、より美味しいシャルキュトリーが買える。豚肉加工品の総称がシャルキュトリーなら、それを売る店もシャルキュトリーというから紛《まぎら》わしい。ここでなぜシャルキュトリーかというと、ひとり暮らしの学生たちがハムを1枚だけ買いたくて、そのコーナーにやってくるからだ。

チルドとか真空パックなどの袋入りのハムの場合、最少単位は2枚からが一般的だ。秋冬ならまだしも、部屋に冷蔵庫がない学生の身としては、食品は食べきりサイズが欲しい。経済的にも物理的にも彼らは、食べ物を買い置きしておくだけの余裕などない。とはいえ値段がもっとも安いジャンボン・ド・パリと呼ばれているハムは1枚でも大きいので、学生なら時としてメイン・メニューになる。

スーパーでハム1枚とレタス、ついでにヨーグルトを買う。パン屋さんでバゲットを半分買えば、学生ならそれで完璧なフル・コースになる。そういえばパリ時代にいつも行っていたスーパーのレジで学生たちによく、こうたのまれたことを思い出した。なんども同じようなことがあったが、いつの場合も若者たちの誰もが、とても礼儀正しかった。男の子ばかりでなく、おおよそ飾り気がないけれど優しい目をしたマドモアゼルのこともあった。そして彼らは決まって手にダノン製のクリーム・チーズか、ヨーグルトを持っていたのだった。それも4個がパックになった、価格的に最も安値の乳製品だった。

「ボンジュール・マダム。突然話しかけて、ごめんなさい。ひとつお願いがあります。このヨーグルト、マダムはいりませんか？　僕も欲しいのですが、部屋に冷蔵庫がないので、もしできたら4個のうち1つだけ買わせてくれませんか？」

そう言って私に話しかける彼らは、真剣そのものだった。そのつど私は、こう心の中でつぶやいたのだった。4個入りのヨーグルトの1個を点線にそってパチッと切り離し、今、私の目の前にいる学生にタダで上げたいと。だが、その気持ちを抑えてレジで支払いをすませ、パックになっているヨーグルトやクリーム・チーズ代の1／4を、学生から受け取ったのだった。

私が日本人で、お人好しに見えたから、彼らがたのんだわけではない。スーパーのレジで、たまに、いや、よく見かける光景であり、彼らは自分の母親世代か、おばあちゃん世代の女性たちに、話しかけやすかったに違いない。

先回のパリ滞在中に昔の仲間の家に招かれた時、学生時代の思い出話のついでに私が、この話をした。すると同年配のムッシュが、こう言ったのだった。

「たしかに、カルチエ・ラタンの角にあったスーパーで、僕もよく近くにいたマダムにそのお願いをしたものさ。そうだ、思い出した。たしかに男性にはたのまないで、お金がありそうな美しいマダムを選んで、声をかけたもんさ」

うそうそ、レジで私に話しかけた学生たちは親切そうな人を探しただろうが、美しいマダムを選んだとは、とても思えない。貧しかった学生時代があってこそ、何でも言える今があるといわんばかりのムッシュの態度に、思わず吹き出してしまった。

初めてのお給料でパーマをかけるマドモアゼルたち

「フランス女性は歳を取ってからのほうが美しい」と、よく言われる。でも、それを真に受けてはいけない。幼子が愛くるしいように、若木がさわやかなように、若い女性たちは美しいに決まっている。当たり前のことを素直に言わないで、逆らった言い方をするのがフランス人なのである。

だが、フランス女性は歳を取ってからのほうが美しいという説にも、一理ある。若いころの彼女たちは、おしゃれどころではない。学生時代の彼女たちはお金がないから、洋服も化粧品も買えない。買えるのはスーパーにある口紅と、アイラインぐらい。着る物も洗い替えがせいぜいで、可愛らしいマドモアゼルをよく見ると、着ている物も持っているバッグもみなヨレヨレ。加えて学生時代は勉強をしなくてはならないから、おしゃれに時間もお金もかけられるはずがない。

公立の大学の場合、程度の差はあるにしても、原則タダだから入学はできても卒業が難しい。将来は民間企業で働くか公務員になるか、進路が漠然としている場合は普通の高等学校に進むことになる。高卒で終わってもいいが、普通コースではだれもが高3でバカロレアという大学入試資格の国家試験を受けることになる。

かといって大袈裟なことはなく、普通にしていればバカロレアは受かる。バカロレアさえ受かれば、パリ地区ならばほぼ自動的にパリ大学に入学できる。ソルボンヌ大学というとかっこうがいいが、ソルボンヌはパリ大学の通称である。

フランスの大学は税金で賄われているだけあって、教授たちは学生をしごく。甘い気持ちで大学に入っても、1年か2年しか続かない学生もたくさんいる。その場合はバカロレア後1年とか、バカロレア後2年といった学位が用意されているが、卒業にこぎつけなかったのはたしかである。よく言われていることだが、勉強をしなくても卒業できる大学は、日本にしかない。

そんな日本のレベルの低い大学の新設申請を不認可にした、大臣女史の発言が物議をかもしたことがあった。テレビに映る彼女に、お茶の間の視聴者は賛同したのではないだろうか。

話を戻すと、勉強はしなければならないし、アルバイトはないしで、フランスの女子大生たちの青春は惨憺《さんたん》たるものである。

鬱屈《うっくつ》した青春時代を送る彼女たちの唯一の希望は、就職してお給料をもらうことにある。晴れてお給料をもらったら、親から借りたのではなく、自分のお金でおしゃれができる。それまでは自分のハサミで切るか、伸ばしっぱなしにしていた髪を美容院に行ってバッサリ切って、パーマをかけてカラーリングもしよう。

初めてのお給料から生活費を引いた残りが美容院代に化け、翌月が洋服代に化ける。そうやって徐々に身の回りが小ざっぱりとしていくものの、変身にまでいたる道のりは長い。そんな女性たちの孤軍奮闘を見ている男性諸君が、「フランス女性は歳を取ってからのほうが美しい」と言って、相方の労をねぎらう。お金のありがたさが身に染みているからこその、フランス人の金銭感覚であり大人の美意識に違いない。

バカンスを夢見て楽しく節約

ニンジンをぶら下げられて走る馬のように、フランス人はバカンスを夢見て働く。バカンスをより充実したものにするために、働いてもらったお給料を貯金に回す。働くモチベーションの源はお金ではなく、紛れもなくバカンスへの期待である。

春先、今年のバカンスで、恋人が見つかるかもしれないと思う男女がいる。暮れごろ、来年のバカンスで、一緒に組んで新しい仕事ができるような、信頼できるパートナーと出会えるかもしれないと、身を奮《ふる》い起こすムッシュがいる。もしかしたら今度のバカンス地が、いずれ来るべき定年退職後に住みたい気分になるような、終《つい》の棲家《すみか》になるかもしれないと、胸ふくらませる熟年カップルがいる。

バカンスというニンジンを自分の目の前にぶら下げて夢想する時間を、だれが邪魔できようか。バカンスという言葉が内包する想像力が彼らを、素晴らしい世界に誘う。あれこれ思い巡らすうちに、まどろみの中で風の音を聴き、陽の光を全身に浴び、葉の色を、水の冷たさを予感。花の香りを、空気の匂いをかぎ、指の間からさらさらとこぼれる砂の感触を楽しむ。浜辺を、野山を歩き回った後に待っている食事は、社員食堂より美味しいに決まっていると。

これこそフランス人の好きな言葉、ジョワ・ド・ヴィーブル、邦訳すると「生きる歓び」に満ちている。バカンスでは誰もが、余裕で寛ぐ。何もしないことに意義があるわけで、バカンスで人々は、仕事で疲れたからだをひたすら休める。浜辺に寝転がって本を読むなとは誰も言わないが、バカンス先で読書にふける私に向かいフランス人の親友が、「それでは、バカンスにならない」と言った。フランス人にとってバカンスは、人がもっとも人間的な姿に戻れる貴重な時空間に違いない。

なにもしないでのんびりしていると、いつの間にかひとりぼっちでいることの快感にひたれる。隣に恋人や子どもがいるじゃないかとお思いかもしれないが、彼らも同じ。恋人の片割れも目をつぶって、自分だけの世界を浮遊する。子どもさえもがひとり、浜辺の砂に足を取られる感触を楽しんでいるではないか。

17世紀、太陽王と崇められたルイ14世とほぼ同時代の詩人に、ラ・フォンテーヌという人がいた。古代ギリシャ時代にイソップが書いた物語を中心に、『ラ・フォンテーヌの寓話』として集大成。フランスの子どもたちが小学校に入って、最初に暗唱させられる、動物を主人公にした物語がそれである。ラ・フォンテーヌでは『アリとセミ』になっている『アリとキリギリス』や、『ライオンとネズミ』などがそうだが、私たちが知っているそれと内容が微妙に、そして決定的に違う。ボーッとしながら彼らは波の音や木々のささやきの中で夢心地に、幼い時に刷り込まれたラ・フォンテーヌの寓話を反芻《はんすう》しているかもしれない。

件《くだん》のラ・フォンテーヌが「人はなにもしないときに、ものを考える」と言っている。バカンスで真の生きる歓びを体感しながら人は、無意識に人生を思索しているわけだ。「つまり人生、ゆとりじゃよ」と言うラ・フォンテーヌ先生の声が聞こえる。

フランス版ニューリッチ、BOBO——甦ったブルジョワ・ボヘミアン

だいぶ前になるが、アメリカの雑誌の見出しにBOBOSとあったので、なんのことかと思い内容を追ってみたら、ブルジョワ・ボヘミアンと呼ばれるニュー・リッチ層のことだった。そして、そのまま忘却の彼方に押しやられていたBOBOSが、こんどはBOBOになってパリに蘇っていた。ただしフランス語では、ヌーヴォー・リッシュである。

資産階級をさすブルジョワという言葉に、流浪の民の代名詞になっているボヘミアンが合体したことで、別々の二つの言葉の意味が相乗効果で弁証法的に飛躍。BOBOSとしてアメリカで生まれたときよりも、ボヘミアンとブルジョワジーの二語ともフランス語なのだから、本家でBOBOと呼ばれるほうが自然である。

のちにエコール・ド・パリの画家として、絵画史に残った芸術家たちがいた。パリの裏町で、家なし、金なし、名誉なしの彼らはボヘミアンと呼ばれた。ロシア人のシャガール、イタリア人のモディリアーニ、日本人の藤田嗣治がいて、パリ生まれのユトリロがいた。ブルジョワジーという言葉とセットになっていることを知ったら、ユトリロやモディリアーニがさぞや驚いて腰を抜かすことだろう。

一方のブルジョワジーは、産業革命で富を手にした有産階級の末裔《まつえい》といったニュアンスで多く使われている。それまでの王侯貴族のような特権階級に比べて新興成金として位置づけられているが、なんとなく古臭いイメージが漂っていた。たとえば男性は仕立てのいいカシミヤのブレザーを着て、きちんと刈り込まれた頭はポマードでてかてか。女性はシルクのブラウスにタイトスカートをはいて、指輪やネックレスをじゃらじゃら、香水ぷんぷん。シックと言えないことはないが、前世の遺物にも見える。

といっても旧来のブルジョワジーがボヘミアン的に生まれ変わったわけでは、もちろんない。ニュー・リッチ、つまりＢＯＢＯと呼ばれるヌーヴォー・リッシュが突然変異のように生まれた。ＩＴで儲けるとか、株で儲けるとか、不動産関連の起業で儲けるにしろ、ＢＯＢＯたちの誰もがアメリカ式ビジネスの洗礼を受けているのは間違いない。

余談だが、今もなお話題になっているフランス人のトマ・ピケティも、どっぷりアメリカに浸かった経済学者である。ピケティだけでなく、フランスの各界で活躍するリーダーたちの目は、一度はアメリカに向いた。そしてアメリカを熟知して、再びフランスに舞い戻った経歴を例外なく持っている。中にはそのままアメリカに残って、フランス語なまりの英語で稼ぎまくっている人もいるだろうが、そこまでのリサーチ能力が私にはない。

そこでフランスのＢＯＢＯを一言でいえば、金銭感覚に聡《さと》い自由人である。アメリカの実態を知っているからこそ、アメリカ的な大量消費、誇大広告を堂々と批判する。「お財布は右で、ハートは左」というフランス人の伝統的な金銭感覚を見事に踏襲する、一筋縄ではいかない、フランス人気質は注目に値する。

子どもが知らない親の使い切り生活

ある日、私が住んでいたアパルトマンで、ちょっとした騒動が起きた。賃貸で住んでいる人には関係ないが、家主たちにとっては重大事件だった。同じ建物の3階のアパルトマンが、競売に付《ふ》されたのである。アパルトマンというとアパートのようだが、そのまま日本のマンションに置き換えていただきたい。

競売に付されただけなら、どこにでもよくある話だった。なにが問題だったかというと、長くアパルトマンのコンシェルジュ、つまり管理人をしているポルトガル人夫婦が件《くだん》の競売物件を落札したという知らせが、アパルトマンの管理会社を通じて誰かの耳に入ったからだった。

それからしばらくは、玄関スペースや廊下、階段でアパルトマンの古顔たちが擦れ違うと、その話題で持ちきりだった。ご近所の噂話など聞きたくもないと、いつもはおたがいに、「ボンジュール」と笑顔だけですませている住人にしては珍しく、色めきだった。

郵便物の管理、建物の清掃、ゴミ処理など、アパルトマンの雑用をすべて任せている、いうなれば自分たちの使用人のコンシェルジュが同じ建物の家主になったということは、立場が自分たちと対等になってしまったということだ。中には「もう、クリスマスのチップを上げなくてすむわ」などと腹立ち紛れに、どうでもいいことを言う人までいた。この一件はフランス社会の深層に迫る難しい要素なので、ここでは割愛。競売に付された3階のアパルトマンの老夫婦の法定相続人の、息子さんについてお話ししよう。

よくよく思い出すと、ことの発端はアパルトマンの掲示板に貼られた一枚の訃報から始まった。その1年前に元気だったご主人が亡くなり、今度は後に残った未亡人の番だった。○月○日○時に近くのサン・セヴラン教会で追悼ミサがある旨の案内が、訃報に記されていた。

生前に親交があった人は地味目の服装で、手ぶらでミサに参列。もちろん部屋の鍵とお財布を入れたハンドバッグくらいは持っているけれど、フランスのお葬式にお香典はいらない。私はといえば、彼らが飼っていた犬の餌をお肉屋さんで買ってきてほしいとたのまれて、何度かお届けしたことがあったから、親しいといえば親しかった。指定の日時にサン・セヴラン教会の追悼ミサに参列した時に、喪服姿の息子さんに初めてお会いしたが、彼以外に親族は来ていなかった。ここまでは、ごくごくよくある老人の末期だった。そして数ヵ月して競売騒動が持ち上がったのである。

実は亡くなった老夫婦は長いこと、アパルトマンの管理費を払っていなかった。フランスでは珍しいことではないそうだが老夫婦は管理会社に、自分たちが死んだら住んでいたアパルトマンを競売に付して、売れたお金で管理費を清算してくれるように手続きをしていたそうだ。そしてアパルトマンが競売に付されることをいち早く知ったコンシェルジュが先手を打って、自分が隅々まで知っている優良物件を、安価に手に入れたのだった。

後で聞いた話では息子さんは、年老いたご両親が管理費をためにためていたことを、全く知らなかったそうだ。老夫婦の見事なまでの使い切り生活もさることながら、それを「セ・ラ・ヴィ」、それが人生さと言った息子さんのクールさに、つくづく感心した。

男と女と犬1匹、お金のかからない老後

「老後って、いくらかかるのかしら?」と、だれもが漠然と考えているのではないだろうか。「そんなこと、計算すればわかる」とあっさり言ってのけている人も、確固たる自信があるわけではないだろう。

だからといって、老後に不安を募《つの》らせていても仕方がない。そもそも人の寿命は神のみぞ知るのだから、計画性なんてあってないようなものだ。そこまで居直らないまでも、思うよ

うにならないのが人生である。

無為に過ごしているせめてもの慰みに、少しばかり私よりお兄さんとお姉さんの、フランスの熟年夫婦の日常を覗いてみよう。定年を機に、南フランスの小さな村に引っ込んだ、マノンとジルの暮らしぶりを。彼らのほかに、老犬が1匹いましたっけ。

彼ら二人分の年金受給額は、日本円にして月に約25万円だから、ほぼ全国平均である。ご参考までに夫のジルは、リヨン大学を卒業して大手セメント会社に入社。セメント一筋の堅物だったが、ことセメントの話になると大変面白かった。とはいえジルのセメント談義を夢中で聞いていたのは、私だけだったらしい。

マノンは小学校の先生だったが、勤務条件はフルタイムではなかったらしい。支払っている税金が少なかったから、年金受給額も少ないと言っていたのは聞いたことがあるけれども、フランスの年金制度は、当のフランス人にとっても複雑だと、だれもが口を揃える。

訪れたあの日、物置から運び出していた、手動式の草刈り機を組み立てる手を休めて、ジルが私に微笑んだ。フランスでお財布を握っているのは、たいがいのカップルでは男性である。案の定、夫のジルが、自分のマネジメント能力をほのめかして、こう語ってくれた。

「この田舎家なら、管理費がいらないのが大きいよね。固定資産税もパリ郊外の、僕たちが住んでいた狭いアパルトマンよりずっと安い。早い時期にここを買っておいて、ほんとうによかった。

住んでいたアパルトマンを売ったお金で、この家のローンを返済できました。お金がかからない家に住んでいることが、こんなに幸せだとは想像もしなかった。家のローンを払って、残ったお金は、マノンとのバカンス代に充てます。この5年のうちに、トウキョウとキョウトにも行きますからね。

南仏は暖かいから、パリのように暖房費がかからないのが最高さ。庭に放し飼いしている鶏が、毎日、ちゃんと卵を産んでくれる。週に1度、20キロ離れたカヴァイヨンの町の青空市で、数種類のお肉と1週間分の田舎パンを仕入れる。そのほかに買うのは、なくなりそうな調味料と、マノンへの花束だけだ。そうそう、車にお金がかかるほかには、なんにもいらないパラダイスだよ」

なんとも幸せそうに喋るジルのところにマノンが来て不満げに、こうつけくわえた。

「オ・ラ・ラ！　ジルは買い物はぜんぶ自分がして、私にお金を持たせてくれないのよ」そう言ったマノンをジルが抱きしめて、「愛してるよ！」と言った。そこに犬が、尻尾を振って走り寄ってきて、わんわん吠えた。しまり屋のフランス人の典型的な老後である。

世の中に、「私、料理が下手だから」とおっしゃる女性はたくさんいる。私が知るかぎり、フランスは女性の料理ダメ率がわが国よりずっと高い。

「聡明な女は料理が上手い」というのは名言だが、それが世界的に通用するわけではない。パリで仲良くしていた外国人女性の顔を、一通り思い出してみた。こういう時はパリという町に冠せられる、人種の坩堝《るつぼ》という言葉がありがたさをます。

頭の中に広げた世界地図の上に、国籍の違う女性たちを並べよう。レバノン人女性とブラジル人女性、エルサルバドルやコロンビアなど中南米の女性はみな、料理上手だった。ヨーロッパでは、イタリアのママンが圧勝である。偏見に満ちた各国女性の料理の腕くらべはこのくらいにして、話を先に進めたい。

その前についでにもうひとつ余談だが、ホモセクシュアルの男性たちはアート全般に造詣が深く、料理上手が揃っている。彼らの料理に寄せる好奇心は相当なもので、私が用意した和食の作り方を聞くのは、いつも決まって彼らだった。お寿司を作ったときなど、「ヨーコ、この酸味はなんなの？」という具合に。有名なガイドブックより、ゲイの人たちの舌のほうが当てになるともいわれている。

ふつうのフランス人は特別なときしか外食をしないそうなのに、矛盾するではないか。奥さんや彼女が料理下手では、グルメでグルマンな国民の沽券《こけん》にかかわる事態だとするのは早計である。そうではなくて、料理下手な女性と暮らしている男性は、美味しいものが食べたいばかりに、自らキッチンに立つ。

早い時期からの女性の社会進出により、家事全般に対する男性の分担意識も高い。だが、キッチンに立つのは、男性たちの成熟した共生意識も多少はあるだろうが、それより何より食い意地。彼らが「ダンチュウ」や「給食系男子」のように料理を作るのは、趣味だからではなく、美味しいものを家で食べたいからだ。わが国以外の先進国では、外食が法外に高い。マクドナルドの値段をくらべても、英仏はわが国の軽く2倍以上。外食をしていたら、お金がいくらあっても足りないから諦めてフライパンを振る。

料理が苦手な女性たちにしても、ならば料理学校へでも通って料理をおぼえようといった、日本女性の謙虚さはまずない。会社の帰りに料理学校に通うＯＬの話をフランス人にしたら、一言、「ウソでしょ」で終わった。

「ジャンが料理を作るから、ぜひ、おいでください」とか「お料理はロランが受け持ち、私はデザートを作ります」などのお誘いを、実際によく受ける。ジャンもロランも、男性の名前である。デザートにしても、彼女たちが用意するのはせいぜい焼きプリン程度だ。

それにしてもムッシュたちの、グルメと愛への真摯な態度には、まことに頭が下がる。彼女が作った料理を食べなかったら、どうなるか。食べない理由が不味《まず》いからとは、口が裂けても言えない。口が滑ろうものなら、マナー違反どころか、破局まちがいなし。彼がお皿に残した料理を見て、大粒の涙を流す彼女をなだめるぐらいなら、キッチンに立つなんてお安いご用。それがムッシュの、最良の選択である。

小さなアパルトマンの購入からはじめる資産計画

「どこの国の人より、日本人は付き合いやすい」と、フランス人によく言われる。日本人の私への社交辞令も、たしかにあるだろう。だが、それを差し引いたとしても、彼らの言葉にウソはない。

まず、アメリカ人のようにプラグマチズムを、私たち日本人は振りかざさないからフランス人に好かれる。むしろフランス人は、意地になって功利主義から遠のこうとする。だから目先の損得ではなく、ご飯の足しにならない文化が大切だと彼らは言い切る。

なんといってもわが国は、超のつく文化大国。浮世絵、陶芸、クロサワだけでなく現代もの映画しかり、能、文楽や狂言、歌舞伎。アニメや日本食やキモノなど、あらゆるジャンルでわが国ほど文化面ばかりが語られる国はない。もちろん、そういうのは衣食足りた人々が言うのであって、フランス人すべてに当てはまるわけではない。私の著作をお読みになる方だけを想定して、私が勝手なことを言っているのと同レベルである。

「あなたが私の役に立ってくれそうだ」とか「いずれ僕のためになるだろう」という目算で、人やものを見ることを潔しとしない点が、フランス人と日本人は似ている。フランス人は個人主義だと言われるが、私から見たら彼らは自立心が旺盛なだけ。「私は私でやってい くから、とやかく言わないでちょうだい」とか「お父さんのことは尊敬していますが、僕はお父さんではありません」といったアンデパンダン（英語のインデペンデント）という言葉が、彼らの姿勢である。そして自立の大もとが、親からの経済的自立からはじまるのは、言うまでもない。

先に本章の「フランス版ニューリッチ、ＢＯＢＯ」の項で述べた「ハートは左、お財布は右」という言葉も、フランス人の金銭感覚を言い得て妙である。功利や実利を疎《うと》んじるフランス人の主義と矛盾するようだが実は、彼らの生き方に見事にマッチしている。主義主張は左翼で、金銭感覚はあくまでも保守で通すのだから。文化も含めて思想はあくまでも革新的な左翼でありながら、保守的で堅実なマネープランが誉められる。保守的な共和党が強い権力を持つアメリカと、社会党のオランドが大統領になるフランスの、そこが違いだろう。ちなみに20世紀で一番の大統領と評されている社会党のミッテランが、当時の閣僚の中で頭抜けた資産家だったことは、つとに知られている。

話を戻して、フランス人にとってアパルトマンの購入が経済的な自立の第一歩になる。非婚化が進んでいるお国柄だが、不動産を持つこととアンチ結婚は必ずしも一致しない。そして財産形成に関しても男女平等か、むしろ初めの一歩は女性が早い。低額物件の購入者は女性客が多いと、パリの不動産屋さんも言っている。

男女が同棲し、当然のなりゆきで子供を持ち家族がふえたら、広いところに引っ越す算段をする。出会いからそれまでのドラマは、女性が持っている狭い部屋でスタート。家賃と同額のローンを組んで計画的に暮らす女性に惹かれる、男性の気持ちもわからないではない。でもでも、ここが肝心。はたして日本男児たるもの、女性が所有しているセンスのいい部屋で、まっとうな愛を育むことができるだろうか。

第二章　食：フランス人の舌がグルメに形成されるまで

マルシェが培うフランス人の食のリズム

食料品、とくに袋詰めではなく、裸のままの野菜や果物を見ていると元気になる気がするのは、私だけだろうか。塊のまま並んでいる豚肉や牛肉もそうだが、見ていると気持ちがおおらかになり、これがフランスのマルシェが滅びない本当の理由ではないかと思う。

20年暮らしたパリから東京に拠点を戻して、十数年が過ぎた。そして昨年までの8年間、ジョルジュ・サンドという店名の焼き菓子と軽食の店を経営していた。店をしていたときも、スタッフを連れて毎年フランスに行っていたけれども、滞在はせいぜい1週間が限度だった。これからは店の制約がなくなったので、世界中どこへでも行くつもりでいる。

訪れる先々で市場を眺め、土地の人々が何を食しているのか、この目で確かめたい。県境や国境という行政区分では仕切れない、それぞれの地域の人々の舌の嗜好《しこう》を知りたい、食卓に並ぶお料理を見たい。他意はない、目が喜びたいと欲している。

「人はパンのみにて生きるものにあらず」を拡大解釈すると、私たち人間はパンと一緒にパンを売っている人たちと、あるいは、パンを求めに来た人たち同士で心を通わせたいのではないかと、最近になって思う。

フランスだけでなく、ヨーロッパの国々に到着したら翌朝の早い時間にホテルを出て、人々の動きを眺める。私が探しているのは、カゴからあふれんばかりの新鮮な野菜や肉類を買って帰るマダムの姿である。彼女と入れ替わるように、空の買い物カゴをぶら下げて、通い慣れたマルシェに向かうムッシュの背中を追う。有名企業が入っている立派な建物と建物の間の路地の先に、マルシェが待っていてくれると最高にうれしい。喧噪が近づくにつれて、私のからだにマルシェが醸し出すエネルギーが伝わる。

新鮮な野菜や果物、水揚げされた漁港から届く魚介、いく種類もの肉や臓物、豊富な乳製品を目を爛々《らんらん》と輝かせて物色するフランス人がいる。彼らの全身から食に対する真摯なエネルギーがほとばしる。

食材への好奇心に男女のちがいはなく、質の良し悪しを見極める目は、時として男性のほうが厳しい。料理を作る人と食べる人に、性の呪縛がないのもフランス的だ。そして買い物カゴを新鮮な食材で満杯にした人々が、アパルトマンに戻る寸前に立ち寄るカフェが、マルシェにさらなる付加価値を生む。

食材を介して、店のオーナーや売り子さんと交わす「ボンジュール・ムッシュ」や「サヴァ・ビアン」といった挨拶から始まり、「ジャガイモを1キロね」と言って、最後に「メルスィー・ボクー」で、次の店に移る。言葉の端々に、お店の人を介して人々がジャガイモ生産者へ抱いている感謝と尊敬の念が漂う。そしてコミュニケーションの仕上げが、行きつけのカフェで飲む一杯のコーヒー。

カフェのカウンターで、コーヒーを啜《すす》る常連が店主とサッカーの話題で盛り上がる。男女の幼子を連れて入って来た男性がこっそり、「ママには内緒だよ」と子どもたちに耳打ち。母親に禁止されている炭酸飲料が飲める予感で、子供たちはお利口さんに振る舞う。食欲だけでなく、現代人が渇望するコミュニケーション欲を満たしてくれるのもマルシェである。

虫食いレタスも蜂ケーキも、美味しい証拠

「ママ、見て見て。レタスのここに、こんなに大きな青虫が動いているよ。僕が見つけたんだよ、逃げちゃうよ」

マルシェの八百屋さんの店先。5歳ぐらいの幼い男の子がレタスの葉の中に、動いている大きな青虫を見つけた。レタスが並べてある台と少年の目の高さが、いみじくも一致した。

興奮している息子を見て母親は、八百屋のおじさんに向かって、「オー・ラ・ラ！」と言った。母親にとっては迷惑な青虫だが、息子の思いに水を差すわけにはいかない。そんな母親の「オー・ラ・ラ！」に応えて、八百屋のおじさんが大声でこう言った。

「この坊ちゃんは、とっても賢いし目が実にいいよ。うちのレタスがとくに美味しいから、大きな青虫がいましたよ。うちのレタスのサラダを食べれば、青虫の気持ちがわかるよ。買

った買った、美味しい大きなレタスだよ！」

もうまったく、ああ言えばこう言うの、ラテン気質とでもいおうか。

もしも野菜についている虫のことで八百屋さんに文句を言ったら、マルシェに居合わせた全員から総スカンを食らうだろう。

レタスだけでなく、セロリにもクレソンにも、虫がいて当たり前。それでも、さすがに誰も虫は食べたくない。そこで、野菜に潜んでいるかもしれない虫対策にフランス人は、野菜を洗う水にキャップ1杯のお酢を混ぜる。大方のフランス人が、お酢と油を混ぜてドレッシングを自分で作る。それはお酢に、殺虫効果を期待しているからに違いない。そのために彼らは、最低でも2種類のお酢をキッチンに常備している。

わが国でも人気のマイユ製などの銘柄のお酢を水に溶いて、レタスを洗うために使ってはもったいない。野菜を洗う用には、透明なペットボトル入りの一番安いお酢を買っておく。どこのスーパーでも、一番下の段にそれは必ずある。もちろん安いお酢が除虫用にあるのではなく、食用だからドレッシングにしても問題ない。

青虫だけでなく、マルシェは虫の集中地区だ。「ぶんぶんぶん　はちがとぶ」の童謡が、思わず口を突いて出るような、こんな光景も日常茶飯。お菓子屋さんのショーケースの中の、プラムやリンゴのタルトになん匹もの蜂がたかっている。タルトにたかっているのが蠅《はえ》なら顔をしかめる店員さんも、大小を問わず蜂には寛大。みんなが大好きな蜂蜜は、蜂なくして世の中に存在しないのだから。

店員さんがショーケースを開け閉めするタイミングを待っていたように、果物の甘い香りにつられて、蜂が迷い込む。狭いショーケースの中で、行き場所がなくなった蜂がガラスにぶつかる。そして青虫がいたのを自慢する八百屋のおじさんよろしく、お菓子屋さんの店員が、待ってましたとばかりに、こう声を張り上げる。

「あらあら、蜂がたかるのは、うちのプラムのタルトが美味しい証拠。甘くて美味しいものにしか、蜂は寄ってこないのよ。蜂が大好きな花の香りがする、当店のタルトを召し上がれ」。たしかに、ここでもまた、蜂にいやな顔をする人はいない。

幼稚園の給食が教えるテーブルマナー

11時半、子どもたちの午前中の授業が終わる幼稚園のベルが、フランス全土で鳴り響く。午後の日課がはじまる1時半まで子どもたちは、給食をすませて中庭に出て遊ぶ。昼食を自宅でとる子どももいて、その場合は保護者が送り迎えする。

ご参考までに申し上げると、給食代については、わが国に比べて3倍ほどフランスが高い。一食ぶん５・１０ユーロが最高で、保護者の収入により現在は8段階に分かれている。

最低額は0・13ユーロだから、最高額の5・10ユーロのなんと1／40。それだけでも何をかいわんやで、凄まじい格差社会のあらわれに違いない。

給食代については、個々人が区役所で減額手続きをする。従って、給食を食べさせている幼稚園は、保護者が支払っている金額にいっさい関知しない。そして物価も生活水準も高いパリ地区の場合、給食費を満額で払っている親がほとんどである。給食代は小学生もたいして違わないので、幼稚園と小学校に3人子供を通わせていると、給食代だけで毎日2000円になってしまう。給食代が高いから、昼食はベビーシッターさんに送り迎えしてもらって、自宅で食べさせるという親もいる。原則、給食は母親が外で働いているという条件付きだ。

最近はあまり聞かなくなったが、以前は幼い子どもに給食を食べさせるのはかわいそうとか、給食はまずいと言う親がいた。でも子どもにしてみたら、友だちとテーブルを囲むのが、なによりのご馳走である。それではこれから、幼稚園の給食の時間に潜入してみよう。

ほらほら、レストランと呼ばれる食堂に、ヒヨコのような年少組の第一陣がやってきた。給食の面倒を見るのは先生ではなく、先生のアシスタントのようなベテランの子守り役と、専任の給食おばさんである。

まずは丸テーブルに5〜6人ずつ着くと、一人ひとりに口を拭《ふ》くナプキンが配られる。テーブルの上にスプーンとフォークと、デュラレックス製の丈夫なガラスのコップが並んでいる。テーブルの真ん中に水道の水が入った、キャラフと呼ばれる水差しが置いてある。

かわいいキャラクター模様のついた子ども用の食器も、ママお手製の袋に入ったプラスチックのコップも、フランスにはない。これについて親友のフランス人が、こんなことを言った。もし幼稚園の給食用にハロー・キティやガンダムがついた食器があったら、幼稚園に入ったその日に、子どもは盗みを覚えることになってしまうじゃないかと。

レストランに入って来た子どもたちの空腹は頂点に達しているから、前菜が配られるとあたりが一瞬、シーンとなる。給食のおばさんが、小さく切ったバゲットが入ったパンカゴを持ってテーブルを回る。バゲットの次は、水差しを注いで回る。

しばらくして空いた前菜のお皿が下げられ、間髪を入れずにメイン・ディッシュが配られる。たとえば牛挽き肉を固めて焼いた、フランス版ハンバーグは定番メニューである。そして順番通り食べて、ひと切れのチーズの後にデザートを終えた最年少のヒヨコたちと、年中さんが入れ替わる。なにしろ3学年で3回転するのだから、幼稚園のレストランは忙しい。

フランスの食のベーシックは給食の献立にあり

フランス人の舌がグルメに形成される過程に、私はたいへん興味を持っていた。以前、時の文化大臣がＣＤを、フランス語読みしてセー・デーと発音しろと言ったことがあった。そして学校の掲示板に貼られた給食の献立表を眺めて、その大臣の言を思い出した。それは紛れもなく、伝統のフランス家庭料理だったからだ。

保護者たちは迎えがてら、自分の子どもがお昼に食べた料理をチェックする。子どもといえども、昼食と夕食でメニューが重複してはかわいそうだ。幼稚園と小学校も中学も、大雑把にいえば大学生の学食も社員食堂も量は違っても、質的には大差ない。高校生以上だと形式がセルフになり、自分で前菜とメインとデザートをお盆にのせて、食堂内を見廻して空いたテーブルを探す。

社員食堂だと数種類の選択肢があり、ワイン煮とか臓物料理などの大人向きメニューが加わるが、前菜が野菜でメインに肉と付け合わせという基本は同じだ。

最近パリを訪れるたびに、かつて娘が通った幼稚園から高校までを一回りする。私がしている巡礼を娘が知ったら、さぞや気持ち悪がるに違いない。ところが私の目的はノスタルジーではなく、別のところにある。それぞれの学校の掲示板に貼られた給食の献立表の、過去と現在の比較がしたい。わが国の激変する食事情を慮《おもんぱか》れば、いやが上にもかの地のことが気にかかる。

そこでまず、パリの観光ガイドに必ず載っている、絵になる市場として知られるムフタール通りに面した幼稚園で覗いた、最新の掲示板にあった献立表をご紹介しよう。前菜は人参の千切りサラダで、メインはトマトの挽き肉詰めとバター・ライス、それにクリーム・チーズとビスケットのデザートだった。私は「なあんだ、あのころと、ちっとも変わってないじゃないの」と、胸を撫で下ろしたのだった。

次の瞬間、四半世紀をまたいで給食の献立が変わらないことが、やはり意図的なのだと実感した。ましてや、ここは「人種の坩堝」と言われるパリである。デジカメに収めた給食の献立表のことを考えながら、石畳の坂道を下った。乗り慣れた市バスのステップを上がったら、そこにはまさしく人種の坩堝状態の車内が待ち受けていた。

そういえば、うちに遊びに来た子どもたちにしても、冷凍物を揚げただけのフライドポテトの食べ方に母親の国籍によって嗜好の違いがあった。母親がアメリカ人の子どもはケチャップ、イギリス人の子どもはお酢が欲しいと言った。ちなみにフランス人の子どもはからしで、私が好んで使っていたマイユ製のそれを大人ぶって美味しがったものだった。

自分のアイデンティティを大切にする要素のひとつに、自分の国ならではの食べ物がある。私たち日本人が外国で暮らしていても、和食を自宅で作って食べるようなものである。そして私はある種、使命感にも似た思いで、パリで和食を作って仲間たちに食べてもらった。パリで暮らす異邦人たちも、彼らの国の料理で私をもてなしてくれた。市バスに揺られながら、フランスの食の伝統を給食で守ろうとするフランス的な手法に、妙に納得したのだった。

BENTOは食べられるおもちゃ

あるとき、日本文化を研究しているフランス人が、こんな持論を主張した。

「ギリシャ・ローマ文化もヘレニズム文化も、外に向かって拡散して、やがて他の文化と融合する。つまり広がるのに、日本文化だけが反対です。日本文化だけが他の文化とは逆で、時間と共に凝縮していく。これは、考察に値します。

自然を取り入れた造園形式の枯山水がだんだん縮まって、ついには箱庭になるでしょ。始まったころの茶の湯は広い部屋で催されていたのに、次第に狭くなって、方丈になった。

着物の帯も、きっちり締めるじゃないですか。食事の準備をしている和服姿の女性たちも、たすきでからだを縛ってますよね。侍の仇討ちのときのたすき掛けも、強く締めて気合を入れる。アンドレ・マルローが様式美を絶賛した相撲にしても、黒い廻しで太ったお腹をきつく締めますよね。伝統的なものが、ことごとく縮こまっていく日本という国が、とても不思議だと思います」

そういえば先回のパリ旅行の帰途、飛行場の売店で買った料理雑誌で、わが国のBENT

Oの特集をしていた。その頁の中でフランス人ジャーナリストも、そういった旨のことを書いていたのを読んだ記憶がある。

料理ジャーナリストが言うには、小さなお弁当箱の中で一回の食事が完結しているのが素晴らしいとあった。栄養のバランスが取れていて、赤、緑、黄色と白と黒が描かれているから、とても絵画的だと。

何しろわが国は日に30品目のお国柄だし、幼稚園のお弁当に海の物と山の物が詰め込まれるのだから、他国に比類がない。小さな魚型をしたお醬油つぎや、飾り楊枝の写真の切り抜きが、頁に散らばっていた。

BENTOが注目されたのは、なにも和食がユネスコ無形文化遺産に登録されたからではない。世界でもっとも権威がある辞書として知られている、ラルースの辞典にBENTOという単語が載ったのは、21世紀になる以前のことだった。むしろアニメやキティに代表されるキャラクター人気の延長で、「カワイイ」そのもののBENTOにフランスの若い女性たちが驚喜する。いうなればBENTOは、マドモアゼルたちからすれば食べられるおもちゃだ。

BENTOの特集を読みながら、たとえば母親の愛情の象徴だといった内容に触れていないかと思って探したが、なかった。母親が早起きして作ってくれたお弁当を食べて、愛情豊かな子どもに育つといっても彼女たちには通じない。

パリ時代の親友のフランス人の姪が、東京で暮らし始めてすぐに大風邪を引いた。お見舞いは花より団子で、デパ地下に立ち寄って幕の内弁当を買って差し入れた。１Ｋのマンションのブザーを押して出てきた彼女はあんがい元気で、差し入れをうれしそうに受け取って、私を部屋に招じ入れた。そして私に椅子をすすめて、テーブルに幕の内を置いて、食器棚から大きな白いお皿を出してテーブルに置いた。そして、幕の内弁当をそのまま食べることをしないで、中身を一つひとつお皿に移すたびに、使われている食材を私にただしたのだった。そして数分後、白い大きなお皿に解き放された十数種類の料理の花が咲いた。

お菓子作りからはじまるフランス人の教育術

人生にベターを望むなら、何事にも面倒くさがらないことである。恋愛も子育ても、子どもの躾《しつけ》も夫や妻の調教も、嫁姑の問題も、成功のカギは根気にある。貯蓄にしてからが、塵《ちり》も積もれば山となるというではないか。

その点でフランス人は、実に根気がある。相手が恋人でも子どもでも、自分が言っていることを詳しく説明し、わかってもらうための努力をする。とくに子どもに向かって、「ダメ！」と「早くしなさい！」が出ない母親たちに、つくづく感心している。

彼女たちに感心しているのは、フランスにいるフランス人の母親たちの生態を知っている私だけではない。東京のある町で暮らしているフランス人の駐在員家庭の母親たちが同じように、自分の子どもたちにとても根気よく接する。そんな彼女たちの姿をみて、だれもがこう思うのだった。

「フランス人のお母さんたちって、子どもとよく話すのね。三輪車に乗っている男の子にいろいろなことを、ていねいに教えていて、とても偉いわね」と。

広い東京の、その町がいったいどこかといえば、新宿区の神楽坂である。数年前まで近くに、フランスの教育省公認のフランス人学校があった。「リセ・フランコ・ジャポネ・ド・東京」という校名で、フランス本国と同じカリキュラムで、小学生から高校生まで学べる在日フランス人学校だった。

あえて過去形にしたのは、千代田区富士見から北区に移転を余儀なくされてしまったからだ。学校はなくなったが、当面はまだフランス企業の駐在員家族は神楽坂に住んでいる。やんちゃ盛りの子どもを諭しながら、ゆっくり連れそって歩く母子が、神楽坂のそこかしこで見受けられる。

母親の根気のよさが、親子のお菓子作りで遺憾なく発揮される。母親はレシピを探して、材料を正確に量るところからはじめる。手順を守って作れば、美味しいお菓子が食べられる。「あなたと一緒に、美味しいお菓子が食べたいから、これからママとふたりで美味しいお菓子を作りましょう」で、子どもにとって生まれて初めてのお菓子作りが始まる。

「子どもお菓子教室」などに通うのでは、まったく意味がない。母と子の、ふたりだけの密なプレイが理想である。一方、どんな簡単なお菓子にもレシピがあることで、いずれはママがいなくてもレシピさえあればお菓子が作れる仕組みを、子どもたちは学ぶ。

量った分量の小麦粉を公然といじれるなんて、なんと素敵なことだろう。そう思っている子どもに、「粉で遊んではダメ」とは言わずに、次の作業に促す。生まれて初めての、卵の殻を割るときの緊張が、幼子の全身を虜にする。

3歳や4歳の子どもがお菓子を作るのだから、テーブルに粉が散って、卵割りに失敗して服が卵で汚れるのは当たり前。ここでも根気よく、卵でべとつく手を蛇口の下で洗わせる。バターと砂糖を泡だて器で混ぜ、割っておいた卵を混ぜて小麦粉を混ぜる。「オーブンは火傷すると痛いから、ママが入れるね」と優しく言えば、どんな悪ガキも「ウィイ！」しか出ない。フランス人の、急がば回れの教育術がここにある。

ソファーに座ってひとりで食べるフルコースの悦楽

仲良くしている女友だちが電話で、うれしそうにこう言った。

「今晩はルイが学生時代の仲間と出かけて、留守なの。なんでもオルレアンの近くの渓流で、カヌーの川下りですって。私も誘われたけど、カヌーは怖くてダメ。ほんと男たちって、荒っぽいことが好きよね。そのおかげで、私はひとりでルンルン。

いつもならテーブルで食事をするけど、ひとりの時ぐらいソファーでいいわよね。ソファーの低いテーブルに食事を運んで、テレビを観ながらのんびりできるのですもの、最高よ。お行儀がよくない私のこと、ルイには内緒にしておいてね」

マリが、電話の向こうでコケティッシュに片目をつぶって見せたのが目に浮かぶようだ。

ルイとマリは、かれこれ10年近く同棲していて、ふたりの関係は事実婚。マリたちが住んでいる、寝室とダブル・リビングという間取りは、日本式の1LDK。寝室は別で、キッチン側に6人掛けにしては小さいテーブルがあり、3メートルほど離れたところが寛ぎの居間になっていて、ソファーと低いテーブルがある。

会社から戻って一度寝室に消え、数分後に現れたマリは私がプレゼントした日本製の、紺と白のニットのマキシ・ドレスに着替えていた。壁際のソファーにどっかり座り、真っ先にテレビをつけた。ニュースの時間はとうに終わり、フランス版バラエティ番組の時間帯になっていた。そのうちリモコンをぱちぱち動かして、ケーブルテレビのジョニー・デップ主演の映画に落ちついた。

番組を決めたマリは、すぐさまI字のキッチンに向かった。まず右手で冷蔵庫を開けて、左手で庫内のプラスチック容器を取り出した。すると、こんどは左手で食洗機を開けて右手で中皿を一枚選び、それに冷蔵庫から取り出した容器に入っているキュウリのサラダをあけた。左手でシンクの横の引き出しを開け、ナイフとフォークを右手に持ち、さっき用意したキュウリのサラダを左手に持って、ソファーに戻って座った。マリの、ひとりディナーの始まりである。

ドレッシングがかかっただけのキュウリのサラダは、前の晩にルイと食べた残りだった。フランスのキュウリは直径5センチ、長さが30センチもあるから、輪切りしただけのサラダでも、ナイフで切って口に運ぶ。最後の一切れをもぐもぐしながらマリは、空いたお皿を持ってキッチンに戻った。そして、先ほどとほぼ同じ動作を繰り返した。やはり前の晩のロースト・チキンとマッシュ・ポテトを、今度は直径26センチのミート皿に移して電子レンジで温めた。買い置きのブリオッシュをビニール袋からひとつ取り出し、左手にメイン・ディッシュを持って、またソファーに座った。

ロースト・チキンの焼き汁をマッシュ・ポテトに絡めて、フォークで口に運んだ。そして、お皿に残った焼き汁をパンで舐《な》めるようにきれいにして、ぱっくり食べた時のマリの幸せそうなこと。冷蔵庫にあったチョコレートムースとコーヒーマシーンのぼこぼこ沸く音で、マリのひとりディナーが終わった。ひとりで食べてもフルコースが、彼女のライフスタイルを体現している。

バカンス先で感じる農業大国のプライド

週末のパリのマルシェ。女の子と男の子を連れた若い父親が、チーズ屋さんの前で子どもたちに、こう話しかける。

「いいかい。今日、お客さんをお招きするんだよ。お料理は君たちがよく知っている、シャモニーのスキー場で食べたラクレットだ。あのときに食べたのと同じ種類の、山の硬いチーズを買おうね。シャモニーで食べたラクレットがどんなだったか、覚えているかい」

するとお姉さんと弟が同時に「ウィイ」といったものだから、ただでさえ土曜で人通りが多いチーズ屋の前が、さらに賑《にぎ》やかになった。

「ウィイ。僕、スキー滑れたよね、パパ」

「聞いて、パパ。私だって滑れたわ」

そして父親が子どもたちに、一大報告をするかのように、こう続けたのだった。

「いいかい。今日はパパとママがお友だちを呼んでいる、大切な日なんだよ。だから君たちも、いつもみたいにいい子にしていてね。パパたちの友だちも子どもを2人連れてくるから、君たちにもお友だちができる。君たち子ども4人は先にラクレットを食べて、デザートがすんだら子ども部屋で遊んでいいよ」

またしても父親は、子どもたちの「ウィイ・ウィイ」攻めだ。そして彼はいたずら盛りの子どもたちを、こういって諭した。

「いいね、わかったね。これから、シャモニーで食べたラクレット用のチーズを買ったら、次は八百屋さんに行ってジャガイモとレタスを買おう」

ここでもまた「ウィイ」で、まことに子どもたちの機嫌のいいこと。

フランスの子どもはダダをこねたり、泣きわめいたりしない。かといって、フランス人の子どもたちだけが生まれもって、聞き分けがいいはずはない。訪れたアルプス地方のシャモニーというスキー場で知られる町の名前と、そこで食べたラクレットというチーズ料理を彼らが忘れないのは、ひとえに大人たちの努力の賜物である。スキーとシャモニーとラクレットを楽しかったバカンスの思い出とともに、何年もかけて子どもたちの記憶に刷りこむ。

山岳チーズで作るラクレットだけでなく、農業国の矜持《きょうじ》にかけてフランス人は、それぞれの地方料理を大切にする。そして観光産業の牽引役《けんいん》としてのバカンス客を巻き込んで、それぞれの地方のご当地グルメをクローズアップ。鞄でも靴でもブランド戦略にたけているフランスの面目躍如とばかりに、伝統の地方料理をフランスが国を挙げて取り組んだ観光産業のウリにした。地方料理の復権がいつごろから顕著だったかというと、1990年代後半に前兆があり、ユーロに切り替わって全開になった。マルセイユやニースやカンヌなど、地中海沿岸の町を訪れたら、ブイヤベースを食べよう。バカンス用の家を借りたら、旧港の朝市で新鮮な魚介を買ってブイヤベースを作ろう。フランスで最も美しいとされている、アルザス地方しかり、ブルターニュ地方しかりで、バカンスに目玉料理がついた。わが国のグルメ雑誌でも、子どもを巻き込んだ地方料理特集があってもいい気がする。

鶏肉みたいに軟らかいと言われて怒る鴨

自分らしく個性的に生きたいと願う日本人がなぜ、こんなおかしなことを言うのだろ。

「この鴨肉、鶏肉みたいに軟らかくて美味しいわね」と。

「鶏肉みたいな鴨肉」とは、フランス人は絶対に言わない。牛、豚、羊、山羊、水牛、馬、猪、鴨、鶉《うずら》、ほろほろ鳥、七面鳥、それぞれの固有の味こそが、動物たちの存在証明である。柔らかくて鶏肉みたいだといわれた鴨は、自分が侮辱されたと思って、激怒するだろう。臭みがなくて牛の肉みたいだと熊がいわれたら、熊は悲観してそのまま冬眠用の穴に逆戻りしてしまうことだろう。鴨には鴨の歯ごたえと、匂いと味がある。猪は豚の親分にふさわしい、迫力のある肉臭がしてこそ、猪なのである。クセがない代表選手にされてしまっては、鶏肉こそいい迷惑である。

とはいえ、わが家を襲ったトホホの熊肉騒動のことが頭をよぎる。裏山で撃った月の輪熊を解体して、みそ漬けにして秋田の友人が持って来てくれた。その晩のうちに、仲間を呼んで、月の輪熊を食した。「臭みがなくて美味しい」と言った友人の言葉を軽く聞き流していたけれど、彼がいったことは真っ赤なうそだった。

月の輪熊の肉を、熱したホットプレートに並べた次の瞬間、その晩の企画を河川敷のバーベキューにしなかったことを悔やんだ。もうもうと立ちこめる煙は牛肉を焼いても出るが、熊肉を焼いた時の強烈な臭いははんぱじゃなかった。もちろん、熊肉を持ってきてくれた友人も一緒だった。そして、居合わせた誰もが、これが熊肉の、それもかの名高い月の輪熊の肉なのかと、さも美味しそうにおずおずと食べた。

食べながら秋田の、月の輪熊の肉を持って来てくれた友人が、山中でも市街地でも、熊に出会ってしまったときの人間の心得を教えてくれた。死んだふりは、絶対にしてはいけないらしい。熊は雑食だが、死んだ動物の肉を食べる習性があるらしい。だから、死んだふりをしたら、熊は本当に死んでいると思ってかみつくそうだ。では、どうしたらいいかというと、平常心を保って気が付かないふりをして、すたこらさっさ。都会育ちの人間の無知ぶりに気が付いたのが、月の輪熊の副産物である。

食事がすんでから道に面した玄関のドアを開け、窓を開け、家じゅうに風を通したが遅かった。寝室をかねた仕事部屋のクロークに掛けてある服にまで熊臭が染みこみ、それから1週間は寝ても覚めても家中が熊ちゃんだった。ファブリーズがどんなに頑張っても、熊はどだいかなう相手ではなかった。

その時になって、同棲していたフランス人女性に出て行かれて、落ち込んでいたパリの日本人画家の話を思い出した。数ヵ月の蜜月が終わり、だんだんに近づいてくる平穏な生活に彼が満足している矢先のことだったそうだ。相思相愛だと思っていた彼女から、唐突に別れ話を持ち出されたことよりも、彼女が別れを決意した理由にびっくりしたそうだ。

「あなたは匂いがないから、セックスをしても満足できないの」と言われて、ガーンときたそうだ。「臭い！」と言われて叱られるのならわかるが、無臭をなじられても困る。果たして日本人に、においの美学があるのだろうか？

癖のある複雑な味をよしとしてこそ大人の舌

子どものころは、河豚《ふぐ》や鮎が美味しいとは思わなかった。鱧《はも》などは、味もそっけもない気がして、手が出なかったものである。本当の意味で大人になったかどうかはわからないが、最近になって、「河豚は食いたし命は惜しし」を嘲笑った、北大路魯山人の本を読み漁っている。

鮎の淡水魚ならではの香りと、ほろ苦い肝が美味しい。口の中でどうしていいか分からないような河豚の皮、鱧の曖昧《あいまい》さに心が動く。肉類に関してはことごとくクセがないのをよしとするのに比べて、私たち日本人にとって、魚は違う。河豚や鮎、鱧ならではの香りと食感と味覚に、大人の舌が魅了される。

食べたいのは鮎、鱧や河豚などの鮮魚だけではない。年が明けるとじきに、霜の間に芽を出す蕗《ふき》の薹《とう》。散ればこその桜もいい加減にせいと思いつつも、前年に収穫して塩漬けにしておいた桜の蕾を刻んで、炊き立てのご飯に混ぜる。ところどころに、葉に見立てたグリンピースが見え隠れする。ほのかな桜の香りに、あらためて桜の真価を見る。

桜と競うように、タラの芽や漉《こし》あぶらなどの山菜が、お料理に彩りを添える。世界広しといえども、和食ほど微に入り細に入り人間の五感を満足させる料理を他に知らない。季節ごとの食材に、食べ手の私たちは翻弄される。

ここ数年、秋冬にかけて中華料理で、上海蟹がこれに便乗している感がある。それでもまだまだ、鱧と河豚にはかなわない。天然ものが美味しいのは当たり前だが、ふらっと立ち寄った居酒屋が感じよかったりすると、養殖でも冷凍でも、そこで食べた河豚が美味しく感じるものだ。旬な食材への執拗なまでのこだわりが、ユネスコ無形文化遺産に認定された遠因である。

河豚、鮎、鱧が好きなガイジンは、相当な日本食通である。大トロとか白エビなど、特上の寿司ネタもたしかにある。あるけれども、寿司は寿司でくくっておきたい。ちなみにわが国を訪れる一部の好事家は別だが、一般の外国人が好む和食は天丼やバラちらし。欧米の料理にくらべて和食が、圧倒的に低カロリーなのが彼らに好まれる一番の理由である。

話題作りが好きなマスコミあっての、日本食人気である。フランス料理の現代の帝王、ジョエル・ロブションやスペインのエル・ブジを絶賛したマスコミ陣が、こんどは日本食に白羽の矢を立てた。なにしろ無尽蔵な食材を、変幻自在に包丁でさばく板前さんのパフォーマンスも圧巻である。

長靴をはいた板前さんが目の前で包丁を握り、山奥の清流で釣ってきた鮎を調理する。水差しには、近くで採ったような芹《せり》を入っている。籠には板前さんが歩いて見つけて摘んできたタラの芽が、大切にしまわれている。21世紀の今、日本料理は自然と一体になった、ある種の芸術である。

ところで、ここで述べた食材のすべてが、大人の味であることにお気づきだろうか。

新芽の持つ強烈なえぐみと魚の肝の持つほろ苦さ。ときに痺《しび》れて死にいたるかもしれない料理は、遊び心と危険が表裏一体となった大人のアヴァンチュールである。

誰でも使えるキッチンの決まりごと

第一章の「料理が趣味と言うムッシュの本音」に書いたとおり、キッチンは女性の聖域ではない。仕事から早く帰宅したほうが、食事の仕度をすればいい。または、彼女の不味い手料理を食べるぐらいなら、自分で作ったほうがましだと、前菜用のサラダを用意するムッシュがいる。とはいっても、アルザスに住んでいる親友がパリに来て、フライパンを手際よく振っている私の息子の姿を見て、「オ・ラ・ラ!!!　パリはやっぱり違うのね」と、驚嘆の声を上げた。

フランスの男女が誰でもキッチンに立てるのは、キッチンの使い方がわかりやすいからでもある。部屋がどんなに狭くても、広々としていても、キッチンの使い勝手は部屋の大きさに関係ない。小さければ小さいなりに、どんなキッチンにも最低限の決まりごとがあるからだ。それこそシステム・キッチンという呼称の面目躍如で、家族だけでなく万人が使える仕組みになっているからありがたい。

アパルトマンが賃貸なら、キッチンまわりのものはすべては備え付けである。蛇口があるシンクの下に、調味料や調理器具をしまう収納がある。シンクの横に、電気かガスのコンロがある。パリにはガスが使えず電気だけのアパルトマンもあるが、ＩＨは少ない。ビジネスホテルにあるような小さな代物だが、冷蔵庫もある。ひと目でわかるところに、ワインの栓抜きやナイフとフォークなどをしまう引き出しがある。目の高さに、お皿やグラスを並べる棚がある。パリのワン・ルームを思い浮かべたら、遅ればせながら日仏のキッチンの設備に違いがないことに気付いた。

あなたが男性なら、一晩をともにした女性が眠っているベッドから抜け出し、寝起きのコーヒーを用意するムッシュに扮そう。または、あなたが女性なら、今しがたシャワー室に入って行った男性の部屋の冷蔵庫を開けて、キッチンを点検。

ティファールのスイッチを入れて、インスタント・コーヒーを探していたあなたは、期せずしてアラビカのコーヒーの粉を見つけた。あんがい彼女やるねと、頬を緩ませて冷蔵庫を開けると、今度はヨーグルトと牛乳があった。

あるいは女性のあなたが、シャワーの音を聴きながら鼻歌交じりに冷蔵庫を開けると、大きなグレープフルーツがあった。そこであなたは、シンクの下の収納を開いて包丁を探す。するとお決まりのように、引いた扉の内側に一本の包丁が見つかる。グレープフルーツを半分に切り、棚にあった絞り器とグラスをテーブルに置いた……。そうすれば出会ったばかりの彼が、あなたの本物の恋人になるにふさわしい相手か否かがわかるかもしれない。

食べ物の力は、絶大である。

第三章　人生：三分割で立てる生活設計

学びの第1段階：幼稚園から中学卒業まで

人生を3段階に分けて、それぞれの段階を語るフランスの保険会社の広告がおもしろい。

第1段階は、オギャアと生まれて幼稚園に通い始め大学を卒業するまでの、いうなれば『学びの段階』である。第2段階は社会に巣立ち、男女それぞれに世の中で責任ある立場になり、なおかつ家族を持つ、いうなれば『育ての段階』だ。そして家族を扶養し、会社で頑張るとか、公私ともにすべての責任から解放されて、自分にふさわしい『バラ色の充実人生』ともいえる第3段階が待っている。子どもを育てながら大学に通うとか、退職してからの年の差婚があってもいいが、人生3分割の考え方が一般的。

それではまず、『学びの段階』からはじめよう。

フランスも義務教育は、わが国と同じで小中の10年間だが、3年保育の幼稚園もそれに準ずる。幼児教育の場が、保育園と幼稚園のシステム自体を異にするわが国と、そもそも大きな違いがある。フランスには、母親が働いている家庭の子どもは保育園という選択肢がない。と同時に、母親が働いていないか、母親の他に子どもの面倒を見る人がいる家庭の子どもが幼稚園という選択肢もない。どちらの場合も、エコール・マテルネルと呼ばれる、幼児教育機関に一本化される。母親の産休明けから託児所に預けられた子どもも、生まれてから

3歳近くまで母親のもとで育った子どもも、通うのはエコール・マテルネル。幼稚園と邦訳されているけれども、滞在時間が長いし、どちらかというと日本の保育園に近い。

エコール・マテルネルという呼称からして、紛《まぎ》れもなく学校だ。フランス語でエコールは「学校」で、マテルネルは「母親の」という意味である。いうなれば、母親のように優しい学校で、2歳児からがっちり躾けられる、『学びの段階』のはじまりである。学校はすべて9月が新学期で、翌年の6月下旬までだ。

幼稚園に入るのは、その年の12月末までに3歳になる子どもである。高校までは新学期は同じで、だいたい9月の第一週から学校がはじまる。

次に、小学校は5年間で、準備段階の1年目に続いて、初等課程が2年間で中等課程も2年間。

小学生の1年目から、成績がよくないと容赦なく落第が待っている。授業態度とか品行が落第の対象ではなく、あくまでも学力の問題だ。小学校から大学までを通じて、延べ人数で計算すると過半数に相当するから、落第しても子どもも本人も保護者もあまり気にしない。無理に進学して、ますます勉強についていけなくなるより、同じ学年を繰り返してみっちり学んだほうがいいと考える。

中学の4年間で子どもたちは、将来を決める。21世紀の現代だから中世や近世とちがって職業が世襲制というわけでは、もちろんない。それでもやはり、チーズ屋さんの子どもはチーズ職人に、家具屋さんの子どもが家具職人になる場合が多い。

たとえば在パリ時代、雑誌の取材でグラン・シェフたちに料理人の道を志した経緯をお聞きすることがよくあった。すると実家がパン屋さんだったり肉屋さんだったりで、飲食業界と遠からずつながっていることが多かった。小中高も大学も公立で、受験と若干の登録料はいるが学費がないので、わが国の教育現場と単純に比べることはできない。

学びの第1段階：高等学校から大学まで

子どもたちは中学卒業を前に、専門学校の職業訓練コースか、普通高校に進むかを決める。どちらを選択するにしてもフランスは、義務教育以降も教育費は無料が原則だから、親たちの懐は痛まない。

職業訓練コースを選ぶ子どもたちは、将来は家業を継ぐか同業異種に進むのが一般的だ。お肉屋さんになるには、良質な肉の選別に精通する必要がある。チーズ屋さんになるには、四季を通じたチーズの熟成に精通する必要がある。家具職人なら、モダンな家具でもヴェルサイユ宮殿にありそうな家具でも、どちらにしても初めに目指すのは正統。専門学校はあくまでもプロ養成の場である。専門学校は公的に運営され、教員は教育省の管轄で、建物や教材は職人組合が受け持つ。

料理人や接客業だけでなくすべての業種に共通して、現場に出れば見習い期間中でも、最低限の報酬はもらえる。中世から脈々と継承される職人組合だから、技術面での審査基準は全国共通で厳しく、専門学校での成績が一生ついて回る。中学までは一般的な学習能力が問題で落第した生徒も、専門学校ではプロ意識が肝心。たとえば料理人の例でご説明すると、ソースのレシピは全国共通。習うより盗めとか、店によって変わることはない。もちろん、基本的なレシピが同じでも仕上がりも味も見た目も違うから、おのずと個人差が出る。

学内では授業の成績、現場での研修では実技が採点され、優秀な生徒は業界の宝。将来が嘱望される彼らは、ミシュランの星で象徴されるような格式の高いレストランのグラン・シェフ目指して、おのずと苦難の道を歩むことになる。

もちろん生徒にもいろいろいて、大型飲食店のセントラル・キッチンの料理人に向いている訓練生もいる。どちらにしても専門学校は、青年たちの夢と現実をつなぐ架け橋。だれもがグラン・シェフの将来を夢見るわけでないのが、フランス的だ。

ほとんどの高校生がそうだが、普通高校コースに進んだ場合はバカロレアと呼ばれる大学入学資格試験が待ち受けている。かといって大袈裟なことはなく、パリ地区などは普通にしていれば、たいがいは受かる。バカロレアさえ取得すれば、パリ地区の場合は市内と郊外にある13のパリ大学のどこかに入学できる。それぞれの大学には特徴があり、学校側が生徒の希望とバカロレアの成績を考慮して生徒の入学先を決める。第一希望がだめでも、どこかしらに入れるので、生徒たちに、さほど真剣さはない。ただし、教授の沽券《こけん》にかけて生徒を鍛えるから、フランスの大学は卒業が難しい。

また、フランスには戦前の日本にあった旧帝大のように予科を通過しなくては進めない、グラン・ゼコールの制度が残っている。ごく一部の、頭抜けて成績優秀な学生だけが対象で、わが国にはいないフランス版エリート集団である。大統領や首相になりたい政治家志望の学生と、エールフランスやルノーの社長の予備軍といった財界志望の学生、またはトマ・ピケティのような研究者を目指す学生たちが切磋琢磨しあって、国家を担う覚悟で社会に臨む。格差社会を助長すると賛否両論あるが、ひと握りのエリートが国勢を握っている、フランスは稀有《けう》な国である。

育ての第2段階：子どもを産む決意と複合家族

「税金をたくさん払っているのですもの、子どもをたくさん産んで楽しい家庭を作るわ。私の理想は、社会党のセゴレーヌ・ロワイヤル女史だもの。そう、今の大統領のフランソワ・オランドとの間に、子どもが4人いるじゃないですか。セゴレーヌと別れてオランドは、大統領になってからも女性のスキャンダル漬けでお気の毒。もちろん思想的に私も、死ぬまでゴーシュです」

広告代理店を経営しているアナイスは、39歳にして2児の独身ママである。現在進行形で彼女にはピエールという恋人がいる。ピエールにも前の彼女との間にニノンという、5歳になる女の子がいて、土日と祝日はピエールが預かることになっている。だから週末のピエールは、アナイスの2人の子どもとニノンの3人の子どもを、分け隔てなく面倒を見ている。彼女がいう生涯ゴーシュ宣言は、体制におもねることなく左翼思想を貫くという意味である。左のことを、フランス語でゴーシュという。セゴレーヌの支持者らしい生き方だ。

アナイスの計画だと来年か再来年に、ピエールとの間の子どもを産むつもりだそうだ。そうなれば彼女の願いどおりにアナイスは、4人の子どもの母親になる。アナイスたちは、フランスで急激に増えている、複合家族の典型である。もちろん、フランスの出生率の向上は、彼らのような複合家族の増加に負うところが多い。

私たち日本人も、フランス文化の物心両面にこれだけ造詣《ぞうけい》が深いのだから、彼らの家族観に、あやかろうではないか。女性たちよ、結婚に縛られないで子どもを持とう。女性には学ぶ権利と同時に、子どもを産む権利がある。そして産む覚悟がある女性に、おのずと男性が追随。自然の摂理に則った、こんな簡単なことがなぜ、わが国の政治家はわからないのだろうか。なにが少子化対策だと、政府の無策をなじりたくなる。

少子化を嘆きながら、老人施設ばかりをふやして、託児所の絶対数が足りない。アナイスのように、出産年齢の女性たちに一刻でも早く子どもを産んでもらわないことには、わが国の未来はない。

認可の託児所がむりなら、無認可でも仕方がないと新米ママたちの嘆きが聞こえる。産休明けの母親が、安心して幼児を預けられる場所をどうか作ってほしい。

首相が外国に対して、莫大な経済支援を申し出たニュースに触れてこう思ったのは、たぶん私だけではあるまい。「他人の国の経済支援のために、国民の血税を使わないでほしい」と。そして「そんなに使いたいなら、託児所を作ってからにしてほしい」と。外交の大切さはひしと感じているが、だが、ものごとには優先順位がある。

29歳から49歳の女性の就業率はユーロ加盟国の中でフランスが最も高い。そして驚くべきは、女性の就業率が高くなるに従い出生率がふえ、ついに2・1人になった。

フランスで出生率が上がり、少子化に歯止めがかかったのは、お国の政策が功を奏したからである。保育支援、女性の仕事と家庭の両立支援に重点をおいた政策が、円滑に回っているからだ。子どもを産み、育てることに快感が持てる社会に、わが国をしよう。

待ってましたの第3段階：定年後のパラダイス

『学びの段階』、『育ての段階』が終わって、待ちに待った『第3段階』の到来である。男性も、彼に寄り添う女性も、いつの間にか白髪頭になった。自分たちの子どもが、すでに父親や母親の立場になっているのだから、自分たちが歳を取ったのは仕方がない。だが、天国への片道切符を使うのは、まだまだ先の話。人生の本番は、これからだ。センチメンタルな気分に浸っているひまは、自分たちにはない。

指折り数えて待っていた、バラ色の日々がついに実現する。彼らに定年後に再就職などと言おうものなら、何かの間違いではないかと完全に無視されてしまうに違いない。

パリ時代に仲良くしていたマノンとジルが、終の棲家になる南仏の山奥の村に引っ越していった。地図を広げて村を探したら、赤い果肉メロンで知られるカヴァイヨンが、もっとも近い村だった。よくさがしたと思うほど彼らの家だけが雑木林の中にあって、電気が通じているのが不思議なほどである。水は水道ではなく井戸水で、これが本物のミネラルウォーターだと彼らは自慢している。

マノンとジルのお二人には、33ページでフランスの年金生活事情めいたお話をお聞きしたが、ここでは、『第3段階』の主人公である。

「会社に行かなくてすむと思うだけで、ダンスをしたくなるよ。この日のために、僕は家族と会社のために忠実に働いた。税金も年金もたくさん払ったのだから、これからの人生を楽しまなくてはうそです。

2年前に退職した妻は、僕の定年を待っている間に読み聞かせの講習会に通いました。晴れて南に移住して、庭にバラを植えて人生を謳歌しなくちゃ。

えっ、この安住の地をどこでさがしたかですって？　夏のバカンスで訪れた町や村で、不動産屋の表に貼り出されていた売り物件を、20年がかりで物色しました。いやいや、30年がかりといったほうがいいかもしれません。候補地は他にもありましたが、ここに決めて正解でした。生まれ故郷に戻って暮らすつもりはなかったのかって聞かれても、『ノン』です。二人が知らない村で新生活をスタートさせるほうが、歓びが大きいでしょ」

マノンが登録していたという読み聞かせの講習会は、子どもたちにフランスの昔話を読んで聞かせるボランティア団体が主催している。小学校の臨時教員をしていたマノンにとって、それは願ってもない講習会だった。人生の後半を子どもたちの役に立てることに彼女は、心底よろこびを見出している。

いずれはジルも、読み聞かせのボランティアに参加するつもりのようだ。もっともジルは読み聞かせは苦手なので、ワゴン車に児童書を積んで近くの村々を回る、動く図書館構想に運転手として参加するつもりらしい。

それにしても、定年まで暮らし、子どもたちも孫も住んでいるパリには、もう行かないと宣言した二人の潔さに敬服する。私が異国のパリで20年暮らしたのは、ひとえに好奇心に駆られて長居していたようなものだが、彼らは違う。生きることの尊さを問うように、ふたりでていねいに、純粋に生きている姿が羨ましくもある。

フランス人の子どもがお行儀がいい理由

「フランス人の子どもって、なぜ、お行儀がいいんですか？」と、よく聞かれる。または、「フランスの赤ん坊は、夜泣きをしないって本当ですか？」とも。

たしかに、公園や自分の部屋ではやんちゃな子どもも、公衆の面前ではおとなしい。大人の前におずおずと進み出て、「ボンジュール・マダム」と、しおらしく挨拶する悪ガキたちの姿が目に浮かぶ。

週末の昼間のレストラン、親戚や両親と一緒に、おめかししてテーブルにつく子どもたちのお行儀のよさは、フランスならではの伝統かもしれない。

フランスに子どもお断りのレストランはあっても、犬が入れないレストランはないと、よく言われる。これはフランスの犬のお行儀のよさを讃える比喩であって、お行儀のいい子なら、それなりのレストランにも連れて行ける。ただし子どもといっても3～4歳以上で、食事時間は昼間だけ。

　レストランに子どもを同席させたい場合は、予約係に親は、「ウチの子どもは、絶対に他のお客さまのご迷惑になることはありません」と電話で誓う。それを受けて予約係は、受話器を保留にして支配人に相談。予約係は支配人から、お客さまが連れてくる子どもの年齢を聞くように指示されるのが常である。これは男性が一応ブレザー着用のレストランの場合であって、バカンス先のビストロや海辺のブラスリーなら、もう少し緩《ゆる》い。それでもやはり、騒ぐような子どもは人前に出すな、がフランスは徹底している。子どものお行儀の良し悪しは、親の子どもを躾ける能力の有無にかかわるからだ。

　フランスの大人たちは、騒ぐ子どもを律するのが教育であると信ずる。それにフランスは、わが国のように性善説が主流ではない。矛盾するようだが、ジャン・ジャック・ルソーを信奉するお国柄だから、性悪説に則《のっと》っている。だから「おぎゃあ」と生まれた赤ん坊の時から、親たちは子どもを徹底的に躾ける。母親の言うことをきかないで泣き続けている子や、デパートで欲しいものが買ってもらえないからといって、ごねている子どもがいないのは、ひとえに大人たちの躾の賜物。それがわかれば、フランスの赤ちゃんが夜泣きをしないわけも、簡単に納得できる。

フランス人の躾の基本は、「規則を守ること」に尽きる。もう少し柔らかく、リズムという言葉に置き換えてもいいかもしれない。新生児と母親は産院にいる1週間で、看護師さんに授乳のリズムを教わる。退院して自宅に戻り、束の間の平穏な日々が母親の産休明けを前にやや緊張感を帯びる。母親の社会復帰の前に、生まれたばかりの赤ん坊に授乳のリズムが植えつけられているかの確認である。

夜泣きで家族の睡眠が妨げられることがないように、母親の就寝前に赤ん坊にたっぷりミルクを飲ませる。昼間も託児所に預けられる状態まで、リズムを作っておかなくてはならない。この一貫したフランス人の躾の構造は、スパルタ教育とはちがう。それはただただ、大人たちが心安らかに過ごすために、子どもに課せられるオブリゲーションとでも言おうか。

野菜が育つまで待つことを教えるフランス式ゆとり教育

「ねえねえママ、今日の僕の連絡帳に、とても大切なことを先生が書いてくれたから、おうちに帰ってから見てね。来週の月曜日、学校に持っていくものが、たくさんあるんだ。太陽が当たる窓の棚の上で僕たち、豆を育てるんだよ。ママ、すごいでしょ、僕たち。だからママ、連絡帳を忘れないで見てよね」

旅行でパリを再訪すると、町でも教会でも美術館でも、行く先々で私は過去に出会う。私が暮らしていた20年間で体験した事象を、あたかも再現してくれているかのような人やことが、待ち受けている。その日、興奮気味に母親に話しかけている男の子が私を、四半世紀も前の日々に誘《いざな》ってくれた。そういえばうちの娘も小学校に入りたてのころ、学校でサヤエンドウを育てたことがあったと。

男の子が月曜に学校に持っていくものは、小型のペットボトルとママがお化粧落としに使っているコットンである。下から10㎝ほどにカットしたペットボトルにコットンを敷いて、水で湿らせる。その上に、先生からもらったサヤエンドウの豆の種を置く。毎日毎日、じっと種を見つめている、子どもたちの期待に満ちた様子が思い浮かぶ。

娘の場合は後日談があって、クラス全員に配られた種のほとんどが発芽し、その約半数にうす紫色の花が咲いた。そして、あろうことか娘のペットボトルに咲いた花だけが、小さな実を結んだのだった。

娘を迎えに行ったときに先生とクラスの子どもたちが、私にもそれを見せたいと言ってくれた。小学校の階段を上がって教室に着くと、子どもたちが窓辺に置いてあるペットボトルに向かって走った。

「アタン・アタン！」と先生が英語で言うアテンションの意味のことをおっしゃって、子どもたちは静かになった。窓辺に近づいて、ペットボトルの中を覗くと、不思議なことに、そこに2センチにも満たない、小さなサヤエンドウが実っていた。世界でたった一つの、小さいなりに豆の先にヒゲまでついたサヤエンドウを慈しむように、クラスの子どもたち全員としばらくそれを眺めていたものである。いみじくもそれは、蒔いた種が発芽し、食べられるまでに成長するのを根気よく見守る、フランス人が大切にする、農民的な「待ち」の姿だった。

翌日、学校から戻った娘がうれしそうに、給食のときの話をした。前日に私が見た、2センチに満たなかったサヤエンドウを給食のおばさんが刻んで、サラダに入れてくれてクラスのみんなで分けて食べたという。子どもの気持ちを大切にしてくれた先生の粋な計らいに、親として涙が出るほどうれしかった。

先回のパリ滞在で意を決して、娘が通った小学校がある路地に足を踏み込んでみた。混んでいるオデオンの郵便局を曲がると、小学校の入り口がある。記憶のスイッチは何百回も巻き戻していたが、実際の再訪ははじめてだった。すると偶然にも、フロランスと呼んで慣れ親しんでいた管理人のマダムが、私を笑顔で迎えてくれた。今、机の横の壁に、別れ際に急いで書いてくれた、彼女のアドレスが貼ってある。

子育て時代を懐しむ熟年カップル

「ねえポール、あの時のこと覚えてる？　私たちの子どもたちが入っていった校門の真ん前の路上であなたが、アクセルとブレーキをまちがえて踏んだの。助手席に座ったとたん私は、フロントガラスから道路に放り出されるかと思った。

そうよね、あのとき、子どもたちが大人になるなんて、想像もつかなかった。あのころは怒濤のような日が、ずっと続くような気がしてたわよね。あの時の子どもたちが30歳を過ぎるなんて、まったく驚きだわ。あれから27年がたったなんて、ほんと、人生って早いわ」

こう言ってマダム然とした女性が、テーブルの上の男性の手を握りしめ、熱い瞳で彼を見つめた。すると今度は男性が、こんな甘い言葉でお返しをした。

「あのころもきれいだと思ったけど、今のほうがナタリーは美しいよ。あの朝、子どもたちのクラス担任のメトレスに、僕の車の助手席に君が滑り込んだのを見られたと思って、僕の足が慌てて、そうだよ、アクセルの代わりにブレーキを踏んだんだったよね。あの朝のことは、僕たちのいい想い出になったね」

男性の名前がポールで、女性がナタリー。場所はパリ7区、「ロダン美術館」の庭のカフェ・レストランでのことだった。パリに数ある美術館の中でもここは特別で、庭園だけの割引料金がある。近くの路上に車が停めやすいせいもあり、屋外の木陰のカフェ・レストランが人気だ。ここが好きでしばしば立ち寄る私はその日、たまたま空いている席を見つけて座ったらお隣がポールとナタリーだった。おたがいに呼び合っていた呼称でふたりの名前を知っただけで、見ず知らずの他人である。

二人が夫婦でないことは、雰囲気でわかった。27年前、彼らの子どもたちが通っていた小学校の保護者仲間として二人は知り合い、男と女の関係になった。絶対ではないがフランスでは、子どもが10歳になるまで保護者の送り迎えがいる。パリ地区の場合、子どもを学校に送り届けるのは両親のどちらかで、下校時間の4時半の迎えはベビーシッター任せにする家族が多い。

そんなある朝、ポールとナタリーが出会った。まるで、ダーバダダバダバダーのメロディーで始まるテーマソングで有名な映画、『男と女』の主人公たちのようだが、フランスならよくある話である。ママ友の情報網が発達したわが国では、こうした情事はなかなか生まれにくい。子どもたちの年齢を逆算すると、ふたりの子どもはともに小学生になったばかりだったらしい。

『考える人』や『地獄の門』がある、「ロダン美術館」という最高のロケーションを背景にポールとナタリーが、子育て談義に花を咲かせる。特上の芸術品を間近に眺めながらのランチも魅力だが、この日は普通の男女の27年後が聞けて大収穫だった。

カップルのどちらも共働きで、子どもを産み育てている最中の殺伐《さつばつ》とした日々に降って湧《わ》いたアムールのひと雫《しずく》に、ポールとナタリーがどれだけ救われたことか。日替わりメニューのステーキとジャガイモのピュレを交互に口に運びながら私は、ダブル不倫にも、こんな素晴らしい一面があることを知った。おたがいの愛を支えにして別々に子育てに励み、熟年を迎えたナタリーとポールを、誉めてあげたいと思った。

臓物料理で思い出す、トルシエ監督のこと

臓物料理と聞くとインスピレーション・ゲームのように私は、ある人物のことを思い出す。２００２年、日韓ワールドカップ日本代表監督のフィリップ・トルシエ、その人のことである。彼の、こんな一節を引用してみよう。

「僕は肉屋の息子だ。そしてフランスを先回のワールドカップで優勝に導いた伝説の名監督エメ・ジャッケも、ジェラール・ウリエも、おもしろいように二人とも肉屋の息子なんだ」

あのとき、新年早々わが国で開催されることになっていたワールドカップに、日本中が沸いた。当時のスター選手の中田英寿は今なお、われらがヒーローである。開催寸前に、『異端児トルシエ』（角川書店）という本が発売になった。フランス語で書かれた原文の翻訳本

だったが、娘と私で翻訳したので記憶に残る作業になった。

持ち込まれた原稿を見て私は、驚きを隠せなかった。Ａ４のコピー用紙にパソコンで打ち出したままの生原稿だったからだ。わが国の代表チームの監督になったとはいえ当時のトルシエは、本国フランスでは無名だから本は出ていない。日本でのワールドカップ開催を目前にして、トルシエに詳しいフランス人スポーツ記者が急遽《きゅうきょ》著したものだった。

初めは仏文の教授をしている親友に、そのまま渡そうと思った。ところが昼間受け取って、夕方になるころには気が変わっていた。コピーの束の中身を読んだわけではなかったが、当時、学生でヒマをしていた娘に下訳をさせ、私が仕上げてもいい気がしてきたのだった。２００１年の秋から冬にかけて私たち母娘は、トルシエ監督のことで頭が一杯だった。

トルシエ監督はマスコミの評判こそよくなかったが、原文を読みこんで彼の性格を熟知したおかげで私は、彼の理解者でありファンだった。試合の後の記者会見をテレビで観ていて、通訳さんの言葉を補足してあげたいと、何度も思った。中田選手の言葉にあった、「フランス人はみんな、トルシエみたいなんですか？」という箇所には、思わず笑った。また、「コンビニが日本人の若者をダメにしている」というくだりに、彼の真面目さがにじみ出ている気がした。

以上はトルシエについて、どうしても使いたいエピソードの前置きである。原文にあった、トルシエの真情を吐露したこの部分を、私は「訳者あとがき」に入れさせてもらった。
「肉屋を生業にする家庭の、６人兄弟の長男に生まれたトルシエ。臓物を手にしながら、自らの原点は父親の職業にあると認めながらも、サッカー人生をひた走る男の、壮絶なドラマがここにある」

そうなのである。世の中にひとりぐらい、こんな人間がいてもいいじゃないか。どこかひょうきんで、一本気の異端児トルシエ。肉食系人種の本能を刺激するような食べ物の臓物料理と相まって、彼の人となりが懐かしい。今思うとトルシエ監督の時代、日本チームが大躍進した。サッカーが格闘球技であることを彼が、身をもって教えてくれたのではなかったか。その延長で、もしかしたら今回のハリル・ジャパンにも期待できるかもしれない。

墓守が手塩にかけて造って文化財になったモザイクの家

レイモン・イジドールさんの存命中に村の人たちは、彼を変人あつかいした。だが他人に何と思われようと、彼自身にしてみれば満足のいく人生だったに違いない。１９８２年、没後18年たって彼が手塩にかけて築いたモザイクの家は『ピカシェット館』として歴史建造物に指定され、シャルトルの町の観光名所になった。パリから日帰りで行け、シャルトルの大聖堂から徒歩圏内というのがうれしい。

パリを訪れるたびに一度は、シャルトルの町を訪れる。パリから南西に90キロメートルほどだから、午後の早い時間にモンパルナス駅から列車に乗って、夕方までにパリに戻ってこられる。行政区分ではロワール地方に属しているから、シャルトル行きでちょっとした旅行に出た気分が味わえる。

シャルトルといえば、なんといってもステンドグラスのバラ窓をいただく大聖堂は外せない。教会には、休館日がないのも魅力である。ステンドグラスから差し込む光が、シャルトルのブルーと讃えられるほど神々しい。パイプオルガンの調べがゴシック様式の天井にぶつかり、仏教徒の私たちまで心が洗われる思いがする。

どこの国でも、人々の宗教離れが言われて久しいが、フランスも例外ではない。一応カトリックのお国柄のフランスでは、宗教離れが危惧されながらも、学生を中心にしたシャルトル巡礼だけが安定して人気なのが不思議だ。4月末から5月の気温が上がる時期に若者たちが、歩け歩けの大合唱で、パリからシャルトルまで徒歩の巡礼に出発する。パイプオルガンが終わったら、いつになく神妙な気持ちで、シャルトルの次なる目的地に急ごう。冒頭の『ピカシェット館』がそれで、町中からモザイクの道しるべが進路を示してくれる。

ピカシェットとは英語で拾うを意味するピックと、フランス語でお皿を意味するアシェットをくっつけた造語である。イジドールさんが墓守をしていたことから、道しるべに従うと墓地を通過。閑静な住宅地に入ると、ほどなくして驚異の『ピカシェット館』に到着。

事の起こりは、イジドールさんのもとにアドリエンヌという女性が転がり込んだことから始まった。彼女には3人の連れ子がいたから、さあ大変。小屋のような家に、子どもたちのための部屋を増築。奥さんを歓ばせたいがために彼は、室内だけでなく壁という壁を、ガラスや陶磁器の破片を貼って埋めつくした。お墓と自宅を往復する道すがら目についた、きらきら光るガラスの破片を拾い集めて、持ち帰ってそこら中に貼った。箪笥《たんす》や食卓などの家具の表面も、色とりどりのモザイクにした。

奥さんが使っていたミシンもモザイクにして、貼るところがなくなると今度は、庭に杭を打ち込んで表面にきらきらを貼った。技術的に単純だからこそ、見る者を魅了する。私たちの周りにも、誰にも気づかれずに眠っている第二、第三のイジドールさんがいはしないだろうか。

郵便配達人がひとりで築いた理想宮

リヨンから85キロメートル離れたオートリーヴという小さな村に、『シュヴァルの理想宮』と呼ばれる石の建物群がある。この存在を私は、モンパルナスの郵便博物館に展示されていた写真で知った。『シュヴァルの理想宮』はまだ、日本に紹介されていなかった。フェルディナン・シュヴァルという男性の職業がファクターと呼ばれる、郵便配達人だったからこその、博物館の収蔵品だった。

『シュヴァルの理想宮』のモノクロ写真に私の目は、数分間というもの釘付けになった。シュヴァルさんの想像力と創造力に、強烈に興味がわいた。そして、そのモノクロ写真を見た翌週に車でオートリーヴの村を訪れ、奇妙な建造物の真ん中に茫然と立ちつくす私がいた。

シュヴァルさんが33年かけて積み上げたそれは、建築の知識がある人が造るより独創的で不気味だった。世界中から届く手紙やはがき、定期刊行物を宛先の村人に届けるのが、シュヴァルさんの仕事だった。一度も国外に出たことがないシュヴァルさんは、郵便物に見える異国の写真に魅せられた。ヒンドゥー寺院やホワイト・ハウスなどの建物や実在の動物だけでなく、シュヴァルさんの頭の中に棲む怪物も次々に再現。天才建築家、ガウディ未完のサグラダ・ファミリアにはない、言葉にならない心のつぶやきの結晶である。

1836年生まれのシュヴァルさんは、郵便配達人になる前職はパン屋さんだった。たしかに、小麦粉に水とお塩などを混ぜて捏《こ》ねる作業と、石を積み上げる作業は根っこの部分が共通している。それにしても、人口1万5000に満たないオートリーヴの村の人たちがよくまあ、こんな異様なものをシュヴァルさんが造るに任せていたものだと、彼らの寛大さに感心した。

そのことについて観光局の担当者が、正直に話してくれた。この、おびただしい数のわけのわからない建物群に、村人たちは露骨に不快の念を募らせたそうだ。おまけにシュヴァルさんは、エジプトのファラオの墓の様なものを造り、自分たち家族をそこに埋葬してくれと望んだそうだから、それだけでも異端者である。

彼の没後、不気味な建造物を嫌悪する村人たちの思いとは裏腹に、20世紀を代表する芸術運動である、シュールレアリズムの詩人、アンドレ・ブルトンやジャン・コクトーなど著名な文化人たちにそれが絶賛された。そしてついに1969年、時の文化大臣のアンドレ・マルローが国の文化財に指定した。以来、ひとりの郵便配達人の労作が、村の、そして県の、ついには国の貴重な観光資源になった。

芸術や建築を志したり学んだりした人の作品でなく、ひたすら情念の発露として生まれた、『ピカシェット館』や『シュヴァルの理想宮』などは、アール・ブリュットという言葉でひと括《くく》りにされる。ブリュットとは加工していないという意味で、シャンパンでは最高を意味する。かたや教養のないという意味もあるので一抹のもの悲しさが漂うが、両者ともに陽が当たってよかった。生前には理解されなくても、後世に名を残せば本望であろう。

日本にもフランスに負けない素晴らしい地方がある

あるとき日本人の友人が、「私の彼はラテン系」と言った。語学が堪能な女性なので、今度はイタリア人かフランス人の恋人を見つけたのかと思ったら、相手は日本人だった。以来、日本人の性格にラテン系もありだと思うようになった。

私の知人友人を思い浮かべても、四国や九州出身の人は基本姿勢がポジティブ。考え方が必ずしも楽観的というわけではないけれども、ほかの地方出身の方たちにくらべて会話がはずむ。

3・11のときに、海外のマスメディアがこぞって、被災地の人々のひたむきさを絶賛した。あれほどの危機に瀕《ひん》せば、誰だって本性が出る。取り繕《つくろ》うすべもない時のありのままの姿が、東北人はあそこまで謙虚なのかと世界中を感心させた。テレビに映し出された人々の映像に、今、私が仲良くしている東京にいる東北人の顔を重ねた。だが、そこには何の違和感もない。震災のときに、本棚からすべての書籍が床に落下し、商品として全滅になった惨状を静かに、そしてポツリと盛岡出身の書店主さんが話してくれたこともあった。世界が見抜いたような、彼も実直な東北人だと思った。

また、私の住所録に、信州人がやたらと追記される。家族同然のお付き合いをしている、静岡在住のご家族も出身は長野県の佐久市だ。社会科学研究者の私の姉夫婦も、長野県史の研究に深くかかわっているからなおさら信州人に親近感が湧く。彼ら特有の頑固さも、きらいではない。

最近になって同世代の親友が、群馬県寄りの軽井沢に別荘を買った。土の感触を知らない東京生まれのご主人が、まだ元気なうちにこれから10年間使えればいいとおっしゃった気持ちが、自分のことのように理解できる。

地方を知らない人間は、地方の暮らしに未知の憧れを抱いて生きている。もしかしたら、地方の人は、もっとピュアなのではないだろうか。もっと美味しいものがあるのではないかと。銀座生まれの母が作る小奇麗な料理を私は、ずっと懐疑的な気持ちで食べていた気がする。見た目は良くなくても、地方には心に響くお惣菜があるに違いないと今でも信じている。広島育ちの親友が私の地方料理びいきを、それは「大いなる幻影」、グラン・イリュージョンだと言って嘲笑う。だが、なんと言われようと私は、その思い込み続けるだろう。パリに20年暮らして、フランスの地方料理にのめり込んだ発端も、そこにあったのだから。

幸い、地方の書店さんとお付き合いがあるおかげで、人びとの性格の違いをわずかだが知った。異郷の地を踏破したこの足で、ちょうどJRの「大人の休日倶楽部」もあることだし、これからは国内を行脚《あんぎゃ》して、地方ごとの魅力にどっぷり浸かりたい。

第四章　おしゃれ：「いいものを大切に」ではなく「安いものでも大切に」

パリジェンヌがフランス料理を食べても太らないのはなぜ？

フランス料理を豪快に食べても、パリジェンヌは太らない。その理由はズバリ、食べ過ぎた翌日は食べないからである。

朝は抜いて、昼食と夕食はリンゴだけですませる。栄養が偏らないようにとか、毎日、30品目をまんべんなく食べるなどということに、彼女たちはなんの価値も認めない。

月曜や連休明けのお昼時の、食事に誘う会社の同僚と誘いを断る女性の、こんなやりとりが聞こえる。時計の針が正午を指すころの、オペラ界隈のオフィスの一角である。

「ねえ、今日のランチ、何食べる？　たまにはマドレーヌ寺院まで足を伸ばして、給食レストランにでも行ってみる？　信心深いマダムたちの奉仕活動に、たまには協力してもいいかも。それともお天気がいいから、パン屋さんでサンドイッチを買って、チュイルリー公園にする？　それとも……、いい考え、あるかしら？」

すると、パソコンをシャットダウンさせながら、昼食の誘いを受けていた彼女が、きっぱりと、こう返事をした。

「誘ってくれて、どうもありがとう。でも、今日はお昼はヌキよ。土日で食べ過ぎたから、今日はお昼も夜もリンゴとコーヒーだけ。だって土曜の夜は友だちを招いて、祖母直伝のローストビーフを焼いて食べたの。美味しすぎたものだから、牛肉をたくさん食べて、デザートに友だちが作ったレモン・タルトも食べて、もらったチョコレートの箱も空っぽ。6人で、シャンパンとワインが5本も空いて、飲みすぎよ。

昨日の日曜の夜は、親戚に誘われて人気のレバノン料理のレストランに行ったの。前菜12種類のコースを食べて、お腹のまわりが、ものすごいことになってる。生クリームとバターがないからヘルシーに感じるけど、レバノン料理って高カロリーよね。だから今日は、〝絶食〟なの」

すると、「たしかに、食べ過ぎね」と誘った同僚も頷《うなず》いて、オフィスから出て行った。

食べ過ぎたと思ったら、翌日は食べなければいい。パリジェンヌのだれもが、平常心を保つより喜怒哀楽をもろに出す暮らしを歓迎する。嬉しいことがあると、仕事中でもおかまいなしに恋人に携帯電話をかける。悲しいときは我慢しないでよよと泣き、1週間が終わる金曜の午後は浮き浮きして、だれもが、真っ先に退社しようとする。感情にメリハリを求めるように、彼女たちは食生活にもメリハリを望む。日々のメリハリの周期が1週間で、週末がハレ。そして1年のハレ期間が、バカンスである。

私たち日本人は、「あるとき大尽、ないとき貧乏」は、計画性がなくて、誉められたことではないと教えられている。お金が入ったときご馳走を食べて、お金を使い果たしたら水を飲んで暮らすのはよくないと。日によって、食卓に並ぶ品数に差がないことが、生活の堅実性の表れだと思っている。

ところがキリスト教社会では、クリスマスや復活祭などのハレの日の過食と断食を、うまい具合に繰り返す。だから食べ過ぎた翌日はリンゴだけでウエストのサイズを調整するのが、古くから彼女たちに刷り込まれた食習慣なのである。

信じるのは体重計より全身が映る鏡

背筋を伸ばして、爪先をどの角度でそろえたら美しいシルエットになるか試す。鏡の前でお腹を引っ込め、姿勢を正してもう一度。そして鏡の中の姿に納得の微笑みを浮かべて、ドアを後ろ手に閉めて、自信たっぷりに階段を駆け下りる。「私って、あんがいいけるかも」とささやく、ナルシスティックな彼女がいる。

パリジェンヌは痩せる努力をしないで、今の自分を保つために体重計に乗る。自分の体型に、コンプレックスなんか、絶対に持たない。一人ひとり、顔が違うように体型がちがう。だのに、モデルのような画一的なプロポーションに憧れても意味がない。アメリカ人のように豊乳神話がないのも、そのせいである。

まわりを見ると、大して食べてもいないのに、子どものころから太っている親友がいる。

そんな女性の家族もまた、太めだ。そうかと思うと、いくら食べても痩せている親友もいる。やはり痩せ体型もまた、家系である。多民族国家のフランスだから、人びとの体質もそれぞれ違えば、体型も違う。

ここ数年、わが国のテレビのバラエティー番組で、スタイルのいいハーフタレントが目立つようになった。たしかにビューティフルだが、片親が欧米人なら当たり前だ。スポーツ選手の体型も、先回の東京オリンピックの入場式を知っている私たちの世代にとっては、隔世の感がある。食生活も欧米的になったから背も高くなったが、やはり日本人は日本人体型でいい。世界的な視野で見たら、それが私たち日本人のアイデンティティの一部でもある。

からだも顔も、天賦のものだとあきらめろとは言わないが、違いがあってこそ個性美が際立つ。ミロ島で発見されたヴィーナスも、泡から生まれたボティチェリの絵画の女神も、たしかに美しい。そして日本人は泰西名画に憧れ、大理石の裸のギリシャ彫刻やルネサンス絵画に描かれている女性像がパーフェクト・ボディーの典型だと信じてきた。だが欧米人にしてみれば、日本人には日本人らしいパーフェクト・ボディーがある。日本人らしい体型がかわいく時に美しいと、彼らは言うに決まっている。

個性尊重の環境で育ったフランスの女性たちは、男性にモテる秘訣は、いかに自分らしさをアピールするかにかかっていると信じている。欧米でモテている日本人女性にも、そうした共通の思いがある。つまりは自分らしくを意識して、鏡を覗こう。全身が映る鏡の前で、頭の先から爪先まで総点検して、あなたが自分らしく美しく見えるポーズを真剣に決めよう。

そういえばわが国は、都心の億ションにもオフィスビルにも、エレベータに鏡がほとんどついていないのが不思議だ。ひとりでエレベータに乗っていたら鏡に向かって、だれに遠慮なくわが身をチェックできるというのに。2人目が乗ってきたら、鏡の中の人数を足して、一挙に4個の目があなたを捉える。3人になれば6個の注目を浴びて、一人ひとりが正念場をむかえる。男性も女性も、体重計より鏡をもっと見よう。

太めのフランス人と痩せたパリジェンヌ

「パリはフランスではない」と、昔からよく言われる。人間もそうで、パリっ子だけを見て、フランス人はああだ、こうだと言うのは早計である。パリジェンヌを見て、フランス女性がみんなパリジェンヌのようだと思ってはいけない。

掛け値なしに美しい、パリという都市を背景にして歩く彼女たちは、それだけでチャーミングに映る。見られて美しくなるのは、人も町も同じだ。前項で私は、パリジェンヌは痩せる努力をしないといったが、太らないようにしている彼女たちは自然体で、わがままなほど個性的だ。

パリジェンヌの生活区域を、パリ20区だけでなく郊外まで広げて、イル・ド・フランスと呼ばれるパリ地区と定義しておこう。パリ市内の会社に勤めている男性も女性も、ほとんどの人は20区の外側に住んでいる。メトロではなく、RERという高速郊外地下鉄で都心部とつながる通勤圏に住んでいる彼女たちもパリジェンヌである。

それではこれから、パリジェンヌが痩せていて、パリ以外の地方在住のフランス女性が痩せていない実態を、私の経験的な見地からお話ししよう。過去も現在もこの私は、パリのブティックで欠品の大きめサイズを、仕事で地方の町を訪れるたびに調達している。日本サイズで9号から11号の私が、パリの数あるブティックでからだが入る服を見つけるのが難しい。だが、パリを離れて地方都市でなら、いとも簡単に大きめサイズの服が買える。

フランスはアパレル産業が充実しているから、どこの町に行っても同じようなブティックがメイン・ストリートに並んでいる。違いはパリのブティックの商品棚に並んでいるよりも、大きなサイズが主体という点だ。太った中年以降のマダムしか住んでいないのではなくて、パリジェンヌだけが痩せているというだけの話である。

もともと私は、フランスの地方を知ることに積極的である。あるとき、ディジョンの町を取材に訪れて、ここでパリにはない大きなサイズの服がいくらでもあることを知った。フランスの新幹線のTGVを降りてホテルにチェックイン。翌日からのロケハンをかねて、町中を散策していたときのことだった。ディジョンのメイン・ストリートに並んでいた、パリで見慣れたブティックにふらりと入り、そのことを実感。パリの同店には36と38の細身サイズしかないのに、ディジョンでは40と42、44が主流だった。パリジェンヌが細いだけで、フランス女性は相変わらず、ぽっちゃりが正統である。

ここまで書いて、印象派の巨匠、ルノワールの作品に思い至った。代表作に縦長の『田舎のダンス』と、『都会のダンス』があって、2タイプの女性の個性を描き切っている。『田舎のダンス』は、後にルノワール本人の妻になる、ぽっちゃり型の女性が醸し出す穏やかな雰囲気がいい。連作になっている『都会のダンス』に描かれているのはシュザンヌ・ヴァラドンという美貌の女流画家で、この絵のモデルになった数ヵ月後に、後世に名を残すモーリス・ユトリロを産んでいる。田舎の女性を妻にし、恋多き都会の女性を愛したルノワールは、二人の女性の間で苦悩したそうだ。

セーターを買うならカシミヤよりアクリルで似合う色

「カラー」といっても、ここでは人種問題のことではなく、フランス人のおしゃれについてである。色、形、材質、どれが優先されるか。フランス人なら男女を問わず、色である。素材は二の次、形はどうでもいいとはいわないが、色を最優先させる。セーターでもネクタイでも、自分にふさわしい色を、まず決める。自分が着ているセーターを指して、「これ、カシミヤなのよ」と言う女性はいない。

好きな色とは違って、似合う服の色へのこだわりは、彼らが幼いころに芽生える。自分に似合う色を知るきっかけは、初めてのお絵描き。それも三つ子の魂百までのたとえどおりで、幼稚園に入ってすぐに、こんな光景が用意されている。先述したとおり、フランスの幼稚園は一律に3年保育である。

幼稚園の先生が子どもたちに、「お友だちを描きましょう」といって、みんなに一枚ずつ画用紙を配った。教室では5〜6人がグループになって、丸いテーブルを囲んでいる。

教室の廊下側に、下がおもちゃの収納になっている棚がある。その棚の上に、カラフルな細筆マジックペンが束になってささっている筒が用意されている。先生がそれぞれのグループの中の一人を指して、筒に入ったマジックペンを自分たちのテーブルに運ばせる。

「静かにして。これから、お友だちを描きましょう。お隣りのお友だちを、よく見るんですよ。お友だちの髪は、なに色かしら？　お友だちの目は、なに色かしら？　お友だちが着ている服は、なに色かしら？　ちゃんと見て、それと同じ色のマジックペンで画用紙に描くんですよ」

20人弱の教室には、さまざまな子どもたちがいる。なにをしていいかわからないで、ぼんやりしている子がいる。おしゃべり小僧、お転婆《てんば》さんもいる。お友だちのしていることにばかり気をとられて、何もできない子もいる。いずれにしても、3歳児に人物描写ができるはずもないから、かわいい気まま集団といったところである。

体格のいい先生が身を屈めるようにして、小さな子どもたちのしていることを見て回る。するとと先生が、黙々と絵を描いているひとりの女の子の横に来て、こういった。

「ジャンヌ、よく描けているわね。そうよ、金髪で青い目の子には、ブルーが似合うわ」

と。すると先生の声を合図に、それまでてんでばらばらだった子どもたちが、ジャンヌと呼ばれた女の子の周りに集まった。絵の中の子どもの服が、青いマジックペンで塗られていた。

色を通じて先生は子どもたちに、世の中にはさまざまな人がいることを認識させる。自分のまわりに金髪がいて、黒い縮れ髪がいて、白い肌と黄色い肌と黒い肌の仲間がいる。瞳にもいろいろあって、青、グレー、茶色なら薄い茶色と濃い茶色がいて、黒い瞳の子どもがいる。自分とは髪の毛の色がちがい、肌の色がちがい、瞳の色がちがう仲間がいることを、フランス人の幼児は刷りこまれる。家族というシェルターに守られた子どもたちが、フランス社会に取り込まれていくプロセスの入り口で、彼らの色彩感覚が培われる。

ブランド大国におけるブランド品の新しい持ち方

パリで久しぶりにカティアと会ったら、真っ赤なヴィトンのバッグを首から下げていたのには驚いた。以前と同じ、小さな旅行代理店に勤務している彼女がブランド品に心動かされるとは、意外だったからだ。たしかに、グレーの天然カーリーの豊かな髪に黒いワンピースのカティアに、真っ赤なショルダーバッグはとてもお似合いだ。そのことを誉めたら、彼女がこう言って説明してくれた。

「ヴィトンを買うつもりはなくて、赤い革のショルダーを探していたの。ところがね、バッグを買っていなかった5年のうちに、どのバッグも高くなっていた。私がブランド志向じゃないということは、知っているでしょう。でもね、いざ買おうと思ったらすべて値上がりしていたの。以前は普通のバッグに比べてヴィトンが3倍ぐらい高かったでしょ。それが今は、2倍ぐらいかしら。よくよく考えて、ヴィトンの質と価格に負けたの。それに持ってみたら、思った以上に使い勝手がよかったから、損ではないわ」

ポシェットとも呼べるサイズで、私も持ちたいと思った。それにしても、昨今のフランスの物価高は相当なものである。お財布のヒモが堅いカティアが言うのだから、説得力が増す。そういえばセーヌ川に面した旅行代理店のカティアの椅子の後ろに、いつも赤い革のバッグが置いてあったのを思い出した。

それにしても、「自分では買わないけれど、プレゼントされたらうれしい」とか「ルイス・ヴォランではないんだから、ＬＶのロゴを持ってヴィトンの宣伝はごめんだ」と言うのが一昔前のフランス人だった。自国製品に誇りはあるが、作る側と買う側の温度差が厳然と存在していた。ところが、そんなブランド大国でこの数年ちょっとした異変が起きている。

カティアとはちがうケースで実はこの数年、ブランド品が一部のパリっ子たちに受けている。今でもそうだが、オデオンの市場でジェーン・バーキンがエルメスのバーキン片手に長ネギを買っているように、学校帰りの子どもの手を引くママがさりげなく、バーキンを持っていたりする。

ヴァンドーム広場にある、カルティエ本店の時計売り場の店員さんも、純金の時計は中国人以外に、フランス人に売れているといっていた。

さすがにエルメスのバーキンになると、普通のバッグの2倍のヴィトンとは違う。「よく見ればエルメスだった」なら、極め付きの隠れセレブにちがいない。

「ははーん、これがフランス版ニューリッチか」と、幼子の手を引いている彼女の後ろ姿を、思わず振り返って見送ってしまった。わが国ではやりの一点豪華主義のように、気負った雰囲気はない。

産業革命ごろの着飾った成金ブルジョワジーが顧客だった創業当時から、160年以上たてば客層も変わる。ここはパリで、ハリウッドのセレブが集うビバリー・ヒルズではない。ブランド品をこれ見よがしに持つのではなく、「さりげなくバーキン」がブルジョワ・ボヘミアン、略してBOBOと呼ばれる、フランス版ニュー・リッチのライフ・スタイルなのか。かつてのパリにはいなかった、パリの新人類にしばらく注目してみたい気がする。

普段着でわかるあなたのセンス

ひと昔前は、「おフランス」に私たちは憧れた。だが、今は違う。まったく反対で、フランス人の気取りのなさが受けている。隠していたわけではないけれども、フランス人の本性がバレたと言ってもいいかもしれない。「おフランス」の仮面を脱いだパリジェンヌたちが放つオーラが、図らずも今、フランスの魅力を倍増させた。

何しろ国名に「お」がついて使われるのは、世界広しと言えどもフランスだけである。おイギリスもおアメリカも、おドイツもない。私たちがかつてに抱いた幻想が崩れて、私たち日本人が一番喜んでいる。それではここでさらに、ふだん着のパリジェンヌに肉薄しよう。

その前に、「おフランス」は実は、幻想だったとばかりは言えない。私たちの親の世代のフランス女性たちは、命がけでおしゃれをしていた。老マダムの推定年齢は80歳代で、彼女たちは口を揃えて「今の若い女性は、おしゃれじゃなくなった」と嘆く。気難しさが私好みのマダムの口癖が、これだ。

「私が若いころは、出社する夫をガウンで送り出してから、たっぷり時間をかけてお化粧。着替えて買いものや家事をして、子どもの面倒をちゃんと見てました。それから夫との夕食を豊かなものにするために、夜用のおめかしをしたものですわ。

愛する夫に満足してもらうために献身的に装った私たちにくらべて、嫁たちのなんとおしゃれをしなくなったことか。まったく、アンリがかわいそうですわ」

ちなみにアンリは、老マダムの息子の名前である。

フランスの場合、老マダムが指摘するように、女性たちが旧世代におさらばしたのは、1968年の五月革命が大きなきっかけになった。アメリカの映画、『いちご白書』で描かれているのと同時期である。わが国の全共闘世代がそうで、立て看とジーパンが若い男女のシンボルになった。先進諸国で同時多発的に起こり、大学改革に端を発した学生運動が社会全体を巻き込んで世直しになった。そのころから、女性たちの自立が顕著になり、男性に愛されるために、美しく着飾るご時世ではなくなった。

以来、共通の価値観の男女が仲良く手をつないで、世界的にシンプル・イズ・ベストが主流になった。おしゃれに使う時間とお金があったら、夫や家族とのバカンスに使いたい。よほどの場合は除いて、洗濯機で洗えるジーパンとTシャツが、シルクのブラウスやカシミヤの上着を倉庫に追いやった。とはいえディオールやサンローランも健在だし、最新流行のファッション源はパリ・コレ。おしゃれではなくなったと旧世代に言われようと、彼女たちはひるまない。

「なにおっしゃってるの、お義母さま。着飾るおしゃれは、今の時代にデモデ（流行遅れ）よ。気取るひまがあったら私は、田舎の家でアンリとふたりだけで過ごしたいの」

パリの町にラフなかっこうのパリっ子がふえ、彼らが高級フレンチばかり食べていないことがご理解いただけて、本当によかった。おかげで高飛車だと思われていたフランス人のイメージが一転して、気さくな印象になったに違いない。これでフランス旅行も、行きやすくなった。

安いものでも長く大切に着る現代のフランス人

フランス人は、いいものを末永く大切に使うと思われている。着るものも良質な服地でいい仕立ての服を、長く大事に着ると思われている。だが、それは誤解である。彼ら、彼女たちは、たとえ安いものでも長く大切にする。服や靴やカバンに限らず、どんなものでも壊れるまで使う。少しぐらい壊れても、下手でも適当に修理して使い続ける。

わが国と違ってフランス人は、大量消費という言葉が、今でも好きではない。消費社会を象徴するアメリカのことを心ある人たちが、理想としていないのは確かだ。その証拠に、企業努力をすれば廉価になるはずのティッシュペーパーやシャンプーなどの工業製品が、いつまでたっても、信じられないほど高い。

安いものでも長く使うといったが、品質が同じものなら、日本製のほうがだんぜん安い。ものが高いのはフランスという国が、大量に作って安く供給することに価値を見出していないせいだとしか、私には思えない。

老若男女を問わず、彼ら彼女たちにとって消費とは、ものを買うことを意味するだけではない。どんなに安物でも買った以上、フランス人はものをとことん使い切る人たちである。

ところがジャン・ボードリヤールという高名な社会学者で思想家の先生が、こんなことをおっしゃる。「家庭電化製品や衣料、車といった各種の商品は、その使用価値だけで用いられるのではなく、社会的権威や幸福感といった他人との差異を示す『記号』として現れる」と。

パリで仲良くしていた親友たちの価値観を目の当たりにしてきた私には、ボードリヤール先生のご高著、『消費社会の神話と構造』は、読んでとても面白かった。それは素人の私には、とてもためになったけれども、内容的には疑問符が残る。もしかすると昨今のフランスの物価高で、人々の生活が先生が現役の時代より厳しくなっているのかもしれない。しつこいようだが彼ら、彼女たちは別のいい方をすれば、買った商品の使用価値の限界をまっとうする人たちのような気が、私にはしてならないからだ。

生鮮食品以外、フランスは「安かろう悪かろう」が常識で、「いいものは高い」が絶対である。トイレット・ペーパーも廉価品はお習字の時間に先生からもらった半紙のように、悲しくなるほど硬い。安いタオルは洗うと色落ちするし、すぐにごわごわになる。

買って帰った服から出ていた糸を引っ張ったら、ツツツと縫い目がほころびた。新品をそこその値段で買ったのだからと翌日、売り場に持って行ったとする。

「すいません、お取り替えします」を期待したら、大きな間違いである。そのかわりに一言、「ア・ボン」(そうなの)が待っている。そして、店員さんがほつれた縫い目を眺めて、「縫えば大丈夫」と言われるのが関の山。

最近になって私は、100円ショップを覗くのが楽しくなった。お気づきの方も多いかもしれないが、made in Japanが急増している。日本は、世界の常識を覆す国なのである。

コスメも服も買うのはスーパーで十分

わが国はデパートが楽しいが、旅行者としてパリを訪れたなら市内に点在する有名スーパーの使い勝手がいい。わが国はお客さまは神さまだから、お店の店員さんよりお客さまのほうが立場が上だ。ところがフランスでは、町中のブティックでもデパートでも、お客さまが見立てた商品の購入を決意し、値段を確認してレジでお金を払う段になって、初めて真のお客さまになる。それまでは、よその人のお店に入ったのだから、そこで働く店員さんに「ボンジュール」と声をかけるのが当たり前だ。

商品を選んで手に取って吟味するにも、店員さんの許可がいる。そのかわり、何枚も試着して気にいらなかったからとノーを出しても、彼女たちから嫌味な顔をされないのが不思議だった。そんなある日、既製服の売り子歴30年を誇る、親友のナタリーがその謎にこんな答えをくれた。

「私たち売り子も、よそでお客になるでしょ。一枚のTシャツを買うために、自分も5枚ぐらい試着するもの、お客さんの気持ちはわかる。お店に入って試着しても、私もたまにしか買わないもの。手ぶらで帰る人がいても、何でもないわ」

フランスのブティックやデパートの店員さんの質が悪いわけではなく、お客さまと自分が対等なだけの話である。それを思うと、なおさらスーパーがいい。一部食品を除けばセルフサービスなので、商品をためつすがめつ、だれに怪訝な顔もされずに物色できる。たとえばオペラ通りのモノプリ（MONOPRIX）とか、シャンゼリゼのプリズニック（Prisunic）などが、おすすめである。

まず、どこのスーパーでも、入り口付近にお化粧品とか美容関連の廉価商品が並んでいる。コスメはスーパーで十分だと思っているのは、私だけではなさそうだ。それが証拠に、美しいパリジェンヌが私の隣に来て、マスカラのテスターを使って真剣に鏡を覗き始めた。

両方のまつ毛にマスカラをたっぷり塗り終えて私のほうを見て、にっこり笑った。こちらも嬉しくなって、思わず「スュペールブ！」（素晴らしい）と褒めてしまった。そして彼女は、床に置いて脚で挟んでいた合皮の重たい鞄を肩にかけて、さっそうと自動ドアに向かい、オペラ通りの喧噪に消えて行った。なるほど、スーパーの入り口にあるコスメ売り場に、こんな便利な使い方があったのかと感心したものである。

スーパーなら、セーターもブラウスもハンガーごと試着室に持っていける。試着室の場所をたずねるまでもなく、セーターを持ってきょろきょろしているあなたに気づいた店員さんが、試着室の方向を顎を持ち上げて教えてくれる。

これがデパートだとメーカーの出店形式になっているところが多いので、試着室の場所を聞こうとしても、「自分が担当ではない」と店員さんは言い逃れて姿を消してしまう。そんなデパートにもいいところがあって、1月と7月の年に2度のバーゲン期間は外せない。全商品50％ＯＦＦのコーナーができ、最終日近くになると70％ＯＦＦになるので、いつもはスーパー派のパリジェンヌたちの足が、いっせいにデパートに向く。

好きな服の古さ自慢をするフランス人

衣類を長持ちさせる秘訣は、服をクロークにしまいっぱなしにしないことである。フランス人はいいものを長く着ると思われているが誤解で、数ページ前にも書いたが、彼らは、たとえ安いものでも長く着る。そしてまた彼らは、同じ服を長く着れば着るほど、更なる愛着を服に感じる。それはあたかもフランス人が、古い建物に敬意を表すように、好きな服の古さ自慢をする。

そしてもうひとつ、彼女たちが服を長持ちさせる秘訣が別にある。簡単にいうと、町の量販店で買ったスーツやワンピースを、まるでオートクチュールのように直してしまう技である。ただし、この方法はかなり手間がかかるので、誰もがするわけではない。スノッブな人たちが集まっている町として知られるパリ17区にお住まいの、マダム・シャルダンのおしゃれ術が、それである。

「おしゃれのスキルを上げたかったら、生地の良し悪しがわかるようになることね。私は昔から好きなジヴァンシーを、いつもイメージしてしまうの。襟が大きく開いていて、袖口がきゅっと締まってる感じですわ。ブティックで服を試着しながら鏡の前で、どこにどう手を入れられるか、じっくり考えます。ボタンを付け替えて、袖口を細くするだけで、見違えるほど素敵になりますわ」

こうおっしゃるマダム・シャルダンは、古いボタンの収集家でもある。旅先の骨董《こっとう》屋さんでもパリの蚤《のみ》の市《いち》でも、アンティークのボタン探しに余念がない。そして、ボタンを付け直して自分流にした服だから、マダムはなおさらその服を大事にする。買ったままを着るのではなく、手間ひまかける分だけ、おしゃれの上級編だ。

どこにでもあるプレタを、上等なスーツに変身させるマダム・シャルダンもそうだが、ほんとフランス人は、買ったときの値段が安かろうと、高かろうと、その服の値段を服の価値と混同しない。「大好きなセーター」とか「彼にプレゼントされたTシャツ」といった、ややセンチメンタルな要因で着るものを大切にする。

セーターを広げて毛玉を一つひとつ根気よく摘み取り、売り場に並んでいたときのようにていねいに畳んで、引き出しにしまう。Tシャツもそうで、洗濯機から出したら室内に干して、乾いたら手で伸ばして、セーターと同じように畳んで、しまう。ちなみにパリ地区は、洗濯物を屋外で干すのは原則、禁止されている。

クリーニング代がわが国にくらべてめちゃめちゃ高いのも、人々が衣類をていねいに扱う理由のひとつだ。ブレザーもパンタロンもコートも季節が終わったからクリーニング屋さんに持っていくのではなく、よほど汚れたときだけ持っていく。これについてはフランスの気候がわが国より乾燥していて、汚れていてもカビが生えないからでもある。

20年暮らしたパリから東京に拠点を戻して、四季折々の移ろいにとても感動した。パリでは夏掛け布団もいらなかったし、季節ごとの衣類の入れ替えもなかった。たしかに、親友たちも私もクロークの中味は少なく、好きな同じ服ばかり着ていたと、つくづく思う。

どこで買ったかは、聞かない、言わない。それがエレガンス

昼下がりのジョーク。

ご婦人グループのひとりが、「あなたのお洋服、素敵ね」とおっしゃった。すると誉められた奥さまが即座に「これ、ソニア」とお答えになった。もうひとりの奥さまが、ソニア リキエルを着た奥さまに、「お時計もいいわね」とおっしゃると、こんどは「これ、シャネル」とお答えになったとか。

素敵だと言われたら、「ありがとう」とか「うれしいわ」ですませるのが、エレガントというものである。お給料の額やお家賃など、お金のことを話題にするのは下品だと、一般のフランス人は教えられている。招かれた先の食卓に並んだワインのラベルを、しげしげ眺めるのもご法度である。

たいがいのフランス人は、ラベルをみればワインのおおよその値段がわかるからだ。供してもらっているワインを値踏みするような、はしたない真似はしてはいけないと彼らは躾けられている。

他にもタブーがあって、だれもが血液型の話題をいやがる。わが国には血液型の性格判断があると言ったら、親友の誰もがいっせいに「ナンセンス！」と言った。人の性格をたった4種類に分類するのも馬鹿らしいと言う。だが、フランス人が血液型の話題を避ける本当の理由は、血液型が人のプライバシーにかかわるからだ。

その話を聞いたとき私は、「あれあれ」とあらぬ方向を想像した。だが、それほど生々しい話ではなく、彼らがたんに人のプライバシーは守られてしかるべきだと思っていることがよくわかった。従って血液型の話になって、自分の血液型を知らないと言ったとしたら、それ以上、その話を続けたくないという明確な意思表示だ。お金にまつわる話題も血液型も、いっさいはプライバシーである。

フランス人が冷たいと思われるのは、こうした会話のマナーの違いに起因する場合が多い。お金とか血液型の話に触れなければ、彼らを冷たいと感じる事もない。たとえば先週観た映画のこと、今読んでいる小説のこと、過去に訪れた国のこと、地方の町のことなど話題に事欠かない。

であるから、「どちらで買ったの」という、洋服の出生証明を知りたがるのもお行儀が良くない。着ているブレザーについて問われたら、マダムはこう答えるにちがいない、「サン・ジェルマン・デ・プレよ」と。そして、聞いたマダムも、「ア・ボン」で、終わる。「買った場所じゃなくて、どこのお店で買ったか、聞いているのよ」などと言おうものなら、居合わせた全員から呆れられてしまう。

フランス女性は、ブランド品がきらいなわけではない。きらいではないけれど、特定のブランドが好きだと思われては心外だ、という顔をする。心はいつでも、自由でありたいからだ。だから、相手がたとえシャネルの時計をしていても、もし彼女と親友でいたかったら、「それ、素敵ね」ですまそう。

わかっているのだから、つまらない確認は野暮というものである。

「らしさ」を求めて服を着る人類の特権

最近のペットは、飼い主のお仕着せで、着たくもない衣装を被せられて気の毒になる。そもそも私たちのおしゃれへの煩悩《ぼんのう》は、動物界でヒトが服をまとうようになって始まった進化の歴史である。

二本足で立つようにならなかったら、パンツもスカートも、ボタンもファスナーも何もかもが生まれなかったと思うと、ぞっとする。『サルが人間になるにあたっての労働の役割』という、内容は忘れたが、昔読んだ本のタイトルを思い出した。

秦の始皇帝の甲冑《かっちゅう》、クレオパトラが身に着けていた宝石、鬢《びん》で固めた聖徳太子の髪型、どれもその人物の象徴だ。マルコ・ポーロを抱えたフビライが君臨した元も、明の時代も、中国の宮廷は絢爛《けんらん》豪華だ。また平安京が完成するころになると、わが国の特権階級がひときわ上質な華美を誇る。『源氏物語』に登場する十二単《じゅうにひとえ》の衣装や、衣装に薫《た》き込めたりするお香でのゲームまで考案してしまうのだからすごい。

ヴェルサイユ宮殿を舞台にルイ14世が、ポンパドール夫人が、そしてマリー・アントワネットが贅沢をしても、清朝の西大后が散財しても、江戸城大奥ほど独特なものはない。メディチ家とハプスブルク家とヴィクトリア王朝、ブルボン王朝が束になっても、所詮はヨーロッパ社会の共通概念でひと括りにできる。画一的というか、判で押したような流行のおしゃれである。

それにひきかえ、わが国固有のキモノ文化の、なんと洗練されて奥深いことか。何しろキモノは、わが国の意匠登録のようなものだ。鎖国をしていた時代の江戸が、世界一の百万都市だったのも奇跡だが、わが国で独自に確立したキモノの素晴らしさは世界芸術である。インドのサリーもイスラムのチャドルも韓国のチョゴリもベトナムのアオザイもそれぞれに固有の民族衣装だが、キモノは別格。今でも世界中どこに行っても、キモノほど注目を浴びる装いはない。

維新後に一時、鹿鳴館時代という欧化主義の時期があった。英独仏にしてみれば開国したばかりのわが国を、自分たちの色に染めたかったに違いない。ところがわが国の一部の皇族と、上流階級の婦人たちがドレスを着てダンスを習っただけで、世の中は微動だにしなかった。警察官やお役人は洋装の制服になったが、鹿鳴館時代はよくある時代の仇花《あだばな》。鏡花の『婦系図《おんなけいず》』や漱石の『坊っちゃん』の、数少ない洋装の登場人物の存在が、時代の少数派であったことを代弁している。

では第二次世界大戦で初の敗戦を経験した日本人が、遂にキモノ文化を捨てたかというと、そうではない。私たちの両親や祖父母たちは、自分たちの身なりに利便性を求めて、洋服を日常着るようになった。欧米の洋服文化に範をとりながら、そこに日本の要素を加えていった。ケンゾーさんやイッセイさんなど世界をリードするクリエイターたちの、欧米のトップデザイナーには出したくても出せない、ちょっとジャポネスクな点が欧米人を魅了しているのだ。

第五章　仕事：フランス人は働かないという誤解

フランス人が驚く、よく働くフリーター

東京の高田馬場で日本人青年のケンと暮らしている、フランス人留学生アンヌがあるとき私に、ものすごい勢いで恋人の愚痴を言った。ブルターニュ出身の彼女は大学の夏休みにケンを実家に連れて行って、家族に紹介したそうだ。英仏海峡に面したフランスの最西端、ブルターニュ地方の海側はとくに観光がさかんで、最近は彼の地を訪れる日本人旅行者もふえだした。

ところが、ブルターニュ地方でも海ではなく、山間の農業地帯で暮らすアンヌの親戚は誰一人として日本人を知らないどころか、誰も日本人を見たことがなかったそうだ。アンヌも地元の高校を卒業するまではそうで、大学でパリに来て、初めて日本人を知ったそうだ。ブルターニュ人のことを、ブルトンと呼ぶ。フランス人にしては寡黙で、頑固者ぞろいだと言われている県民性である。

私が焼くそば粉のガレットを、アンヌは美味しいと言って食べてくれる。ブルトンヌらしく、いつもはおとなしい彼女のその日の怒りが、どのへんから来ているのかが薄々わかっていたので、私は黙って聞いていた。数年前から、それとなく応援していた日仏カップルなので同情したが、アンヌの胸中にたぎる無念さもわかる。

「ケンには呆れたわ。ケンは大バカよ。私の実家に集まった親戚たちの前で、なんといったと思う？　あり得ない。親戚の叔父からケンは職業を聞かれて、『ノン』と答えたのよ。その瞬間、わが家の居間の空気がピインと張った。親戚の誰もがケンが言った『ノン』の言葉に、どれだけ失望したと思う？

故郷の仲間でパリの大学に行ったのは、私の他に数人だけよ。パリの大学に行くのも大変だったけど、東京に行くために私はきちんと両親を説得しました。日本語を勉強するには、現地に行く必要があると言ってね。私も大人だから、東京でちゃんとした日本人男性と付き合っているだろうと、親戚のみんなは想像してた。でもね、30歳にもなって働いていない男と付き合っている私を、叔母や叔父たちは冷ややかな目で見た。

パリには若年失業者がわんさといるけれど、私の実家は野菜農家。農家の人たちは、働き者なの。私を一番かわいがってくれていた叔父にしてみれば、無職のケンが許せなかったのは当たり前よ。

ケンはちゃんと働いていると私がいくら説明しても、もう遅かった。ケンはケンで、親戚中に露骨にいやな顔されて、げんなりした。はるばるお土産を持って行ったのに、歓待されなかったんですもの。でも、自分が悪いのよ。働いてないと言ったんだから。

今回のことは、私も悪かったと反省してます。日本語を覚えるために私は、ケンとほとんどフランス語を話してなかった。たしかにフリーターは、職業名ではないものね」

しばらくして彼女の怒りは収まり、機嫌を直してケンのもとに帰って行った。

私が若いころは、大学を卒業しても就職できずに廃品回収業、チリ紙交換で糊口をしのいでいた人たちがいた。つまり、元祖フリーターである。彼らの中からけっこうな確率で成功者が出た。現代もそうで、起業ヒーローに元フリーターがたくさんいる。よく働くフリーターが日本の明日を支えている気がする。

スキルより無垢な新卒を歓迎する日本組織

「鉄は熱いうちに打て」とか、「子飼い」や「生え抜き」という言葉が、わが国の企業人は好きだ。これは、お刺身やお寿司が国民的なご馳走で、鮮度が第一、若い女性にしかそそられない、日本男児に流れるDNAの最大の欠点である。

「子飼い」とか「生え抜き」と呼ばれる部下なら、要するに上に立つ人が使いやすい。自分好みの人格に育てられると、昔の偉いさんたちは思った。でも、それも、もう限界である。新入社員がひとかどの働き手に育つまで、世の中は待ってくれない。

エッセイストを日本語でいうと随筆家だから、私の立場は経済評論家ではない。本分をわきまえて、余計なことは言うまい。それより、パリにいる、仲間たちの話をしよう。場面は新進アーチストの個展の、ヴェルニサージュと呼ばれるオープニング・パーティー会場になった、シャンゼリゼの脇道の、老舗ギャラリー。赤ワインと、手でつまめる何種類かのカナッペと、ポテト・チップスが、会場の壁側に寄せられたテーブルの上に用意されている。

もちろん椅子はなく、一人でもたくさんの人と知り合いになるのが居合わせた人々の目的だから、横に立っている人、目が合った人に率先して話しかける。赤ワイン片手に、にっこり目が合った男女の男性のほうが、こう切り出す。

「彼の作品、斬新でなかなかなものです。以前の個展で作品を知って、美術館が収蔵を決めました」

すると女性が、待ってましたとばかりにハンドバッグを開けて、男性に自分の名刺を差し出した。そして男性もマナー通りに彼の名刺を差し出し、名刺を交換。名刺を見て、「ハハーン」という顔をしたのは男性のほうだった。

「あなたでしたか、お役所と大スポンサーをつないでいるという、やり手の美女というのは。聞いてますよ、それで今は、このお名刺なんですね」

男性はスイスの有名な美術品のコレクターで、女性は今をときめく美術品のコーディネーターである。実は男性が話しかけるまで、彼女は私と話をしていた。数年前、パリの装飾美術館の取材で私は彼女と知り合った。そんな彼女は現在、文化省に籍を置いている。文化面に限らず、官と民を渡り歩き、そのつどステップアップしていくのがフランス式な出世である。

転職に関してはフランスが、日本とアメリカの中間にあるようだ。今回の個展だけでなく、招かれて参加した個人宅での着席の食事会でも、同窓生で旧知の仲のはずの人たちでも、ごく普通に「今、どこにいるの？」という質問を繰り返す。相手の会社名を聞いてはいけないと言いながら矛盾するようだが、親密な関係なら別だ。おたがいが切磋琢磨し、仲間たちが弁証法的にジグザグ階段を昇って行くのが、仕事に対する彼らの考え方だ。

東京の私の周りでも、生え抜き組とヘッドハンティング組のせめぎ合いが聴こえる。ヘッドハンティングといっても、もちろんされた側を指す。彼らは性格がいいから、東大を出ているから、ハントされたわけではない。リサーチ会社が独自に作成したデータで、突出した数字を上げた人たちである。果たしてわが国に、数字が出せてクセありな部下を使いこなせるリーダーが、どのくらいいるだろうか。

東京は外国人ビジネスマンが仕事しづらい都市なのか？

「東京に行くと言ったら仕事仲間に同情されて、親戚に羨ましがられました。僕は独身だから、東京で相手がみつかるかもしれないと、両親は期待してます。実家のある南仏の小さな村に日本人の奥さんがいて、とても評判がいいそうです。よく働いて読書が好きで、他のフランス人女性のようにわがままじゃないと、彼女の夫が言っているそうですから、本当でしょう。

それもあって両親は、僕と日本人女性との結婚を望んでいるんです。バカンスで実家にひとりで帰ったら、両親ががっかりするかと思うとプレッシャーだな。僕と南仏に行ってくれる女性を、8月までに探せるかしら」

彼の名前はトマで、先ごろ話題のピケティと同じだ。英語式に読むとトーマスになる。トマはフランス人男性が東京でモテるのも知っているが、フランス人だからモテるのはご免だと言っている。結婚相手とまではいかなくても、8月までに一緒にフランスに行ってくれる恋人は見つかるだろう。

そんなことよりトマの言った、外国人ビジネスマンにとって東京が仕事のしづらい街だという指摘が気になる。実はフランス人だけではなく、英米のビジネスマンも、異口同音にそう言う。中国人ビジネスマンだけが、日本人と仕事がやりやすいと言うのも、分かる気がする。それではトマに、東京は仕事がしづらい街だという理由を聞いてみよう。

「日本人は、物事を合理的に考えるのが苦手ですね。ビジネスですから、数字が良くなければ業績が上がっていないのは、言うまでもありません。ところが日本人の多くは、管理職がですよ、真剣に働いているのに業績が上がらないと言う。真剣に働いているか、怠けているかを、聞いているわけではありません。会社の方針に沿って仕事を進めて、本社もロンドンもうまくいっているのに、東京が伸びないのはなぜか。

そう指摘すると、日本人の男性は一般論ばかり言って、自分の意見を言わない。女性たちは、意見をはっきり言うからいいけれど、なにかあるとすぐパニックになるのはなぜだろう。

彼女たちはパソコンに向かって、入力事務とか検索とか簡単な仕事を飽きもせずやっている。ところが、難しい問題に直面すると、全員が一度にアウトだ。フランス本社の管理職の女性たちなら、給料の安いアシスタントにやらせる作業を自分で抱え込んで、大変だ大変だと言って、自己満足する。

彼女たちに細かい仕事はアシスタントに任せて、もっとレベルの高い仕事をしてもらいたいと言うと、自分ほど完璧な仕事をするスタッフはいないと答える。そうじゃないんだ。高い給料を払っているんだから、会社の利益に直接かかわるような責任ある仕事だけするべきなのに。とくに東京オフィスは家賃が高いんだから、もっと稼いでもらいたい」

そうか、幼いころからいい子ちゃんで通した優秀な彼女たちは、テスト満点組だったに違いない。外資系希望の彼女たちには文系人間が多いだろうし、応用問題は苦手かも。東京はビジネス都市ではなく、国際的な観光都市になるほうが得策かもしれない。

誰よりも社長がもっとも優秀な働き手

パリ西北部に、「ラ・デファンス」と呼ばれる高層ビル群がある。中心部のパレ・ロワイヤルやコンコルド広場、シャンゼリゼを通るメトロ1号線の終点の駅名も、「ラ・デファンス」である。

まるでマンハッタンがそのまま移ってきたような、パリとは思えない新都市の、とある大手石油会社のオフィスに潜入してみよう。外から見たらマンハッタンでも、中に入れば純フランス。帰属する会社が多国籍企業であったとしても区役所でも、人びとのプライドに何の影響もないとばかりに。金曜日の午後、ごく当たり前のフランス人のごく当たり前の会話をお聞かせしよう。

「オ・ラ・ラ！　これ以上、私に働けといっても無理だわ。あと2時間すると今週が終わるというのに、こんなに仕事が残っているなんて。でも、私が怠けたわけではありません。初めっから、私に与えられた仕事が多すぎたんだわ。

月曜に会社に来て、続きをします。いえいえ、そうではなかったわ。週明けの月曜、私はお休みを取っていたのだったわ。ですから火曜の9時にここに来て、膨大な量のファイルと格闘します。

ほんとうに私って、勤勉な働き手だこと。それではボスも、ボン・ウィークエンド！」

そして彼女の一方的な釈明を立って腕組みしながら聞いていた、ボスと呼ばれていた上司の男性が、ぽつりとこう漏らしたのだった。

「僕にだって、週末に家族と楽しく過ごす権利があるのに」と。そう言い残して彼は自分の席に引きあげ、彼女のデスクにあったよりも高く積まれた書類の山を前に、黙々と作業を続けた。そして2時間後、せわしなくオフィスを後にするスタッフたちの背中を見送った彼は、またしてもこう呟くのだった。

「今週もまた、僕は田舎の家にこの書類を持って行かなくてはならないことになった。せっかくの週末に子供たちとも遊べないで、ほんとうに僕はいい父親でもいい夫でもない。深夜まで資料作りをしている僕をクレール（彼の妻の名前）は口では責めないけれど、内心はどう思っているかしら。僕が女性で、自分の夫が僕みたいな奴だったら、離婚だ」

最後のひとりになったスタッフに「ボン・ウィークエンド!!!」と言われて、「君もね!!!」と送り出した彼は、しばらくして窓際に置いてあった濃いブルーの大きな鞄に、今しがたまで取り組んでいた膨大な資料の束をどさっと入れた。

フランス人が働かないというのは、大いなる誤解である。組織での地位が上がるにつれて、彼らの仕事の量がふえる。社員の誰よりも給料のいい社長が、会社の中でもっとも優秀な働き手で、それが世の中のヒエラルキーというものだと勤労者のすべてが信じている。お給料の額と責任は比例するどころか、累進的に責任が増す。

フランス人は仕事を家に持ち帰らないと思われているが、それも誤解だ。このムッシュのように、その週にやり残した仕事を自宅どころか、田舎の家にまで持って行くことも珍しくない。偉い奴はどこまでも優秀なのが、フランス式なのである。

わが国にしかない顔写真付きの定型履歴書

「字は体をあらわす」という諺《ことわざ》は、はなはだ疑問である。きれいな字への憧れはあるし、達筆な書面を眺めて称賛を惜しまない。ところが諺とは裏腹に、成績も性格も良好で、字が下手な人が、なぜこうも多いのだろう。

おまけにパソコンのせいで、ただでさえ下手な字がますます下手になり、癖字と悪字を助長している。そして揺り返しのように今、私のまわりの人たちの間で、子どものとき以来の習字やペン字のお稽古が復活している。私もいずれは、「日ペンの美子ちゃん」の通信教育に申し込もうと思っている。

アルファベット文化圏の欧米では、昔はタイプで打たれていた履歴書が、早い時期にパソコンに変わった。わが国は「字は体をあらわす」を昔から信じてか、履歴書が美しい字の最後の牙城だった。さすがに最近は手書きが激減して、履歴書の記入もパソコンになった。パソコンで打ち出された履歴書を見て、出願者のパソコンのスキルを判断する人事担当者もいるそうだ。それではここで、履歴書の世界比較をしよう。

なにがちがうかといって、わが国なら100円ショップにもある定型の履歴書が、欧米では売られていない。既製の履歴書が買えないから、必要事項をA4のコピー用紙に打ち出して、自分で作成することになる。必須と指定されていなければ、証明写真もいらない。芸能プロダクションの試験やオーディション募集ならいるだろうが、一般事務や飲食業界の履歴書に顔写真はいらない。

喫茶のある焼き菓子屋を私がしていた時分、採用希望者から届いた履歴書のファイルを見て、遊びに来ていたフランス人の親友が大喜びした。どの履歴書にも、かわいく撮れた女の子の写真が貼ってあったからだ。そういえば履歴書用の顔写真について、様々なエピソードがある。都内のIデパートの写真室で撮った写真を貼ると、希望する会社に合格するというジンクスがあるとか。

そのほかの違いは、欧米は経歴の欄は現職からスタートして、下の行に進むにつれて年代をさかのぼっていくのが普通だ。ところがわが国の履歴書は逆で、経歴の一行目が最過去で、徐々に現在に近づく順になっている。結果よりプロセスを大事にする点は、なんとも日本的である。

とある会社で人事を担当している親友が、わが国でしか通用しない、おかしなことを言った。学歴欄を見て、最終学歴の大学名だけでなく出身中高のチェックもするのが肝心だと。親が無理して私立の中高に進学させたことを、労《ねぎら》いたいのだろうか。それとも、地方の名門県立高校時代の人脈の有無を、そこから見てとるつもりなのだろうか。それとも、小中高を私立の一貫教育で、おっとりと純粋培養された人材が欲しい企業があるのだろうか。

欧米の場合、学歴も大学院を出ていたら大学と両方を書くが、そうでなかったら最終学歴だけで高等学校の名前は不要。個人情報は氏名、現住所と電話番号、メールアドレスだけで、出身地はいらない。新卒優遇制度がないから、自作の履歴書こそが面接のチャンスを勝ち取る手段なわけで、話はシンプルなのである。

お金に縁がないからこそ神聖化される「いい仕事」

「いい仕事ですね」とフランス人が言うとき、そこに特有のニュアンスが感じられることに、ある日、気づいた。フランス人はお金のにおいがぷんぷんする仕事を蔑《さげす》む。本音はどうであれ、お金に縁のない職業を彼らは「いい仕事」だと言って崇《あが》める。

現代社会では絶滅しつつある、羊飼いという職業を手放しでよしとするＤＮＡが、フランス人の血液に流れている。画家や彫刻家、建築家や売れない作家なども、彼らの言う「いい仕事」の部類に入る。かくいう私もパリ時代、物書きと言うと彼らに「いい仕事ですね」と言われ続けていた。東京に帰ってきたら反対で、「大変ですね」と言われることの連続である。

学校の先生が「いい仕事」の最たるもので、努力して培った高い教養の持ち主だというのに、実入りが少ない教師という職業が、今でもフランスでは神聖化されている。前代未聞なほど話題になっている経済学者、トマ・ピケティの両親が羊飼いに近い農業人であることを知って、私はうれしくなった。おまけにピケティご本人は研究者であると同時に、やはり先生である。彼だけの実力があれば、民間に就職したら相当な年収を手にしているはずである。あえてビジネスの世界に入らず、地味な研究と教育の道に進んだ。それだけで、フランス知識人に通じる、底知れぬ説得力が漂う。とはいえ今回の著作が世界的なベストセラーを記録したおかげでご本人が富裕層入りしてしまったわけで、これから待ち受けている彼の今後にさぞや注目が集まることだろう。

それでは、フランス人に尊敬されない職業はなにか。つまり、羊飼いの対極にあるのは、どんな職業だろうか。公証人、弁護士、不動産屋、金融関係など、お金がらみの職業は「いい仕事」とはみなされない。医者と並んでわが国で評判のいい弁護士という仕事も、フランスでは芳しくない。検事とちがって民事訴訟の発端は、ほぼお金なのだから。

とどのつまり、お金が儲かる職業をフランス人は尊敬しない。ゴールドマン・サックスだのメリルリンチだのといっても、一般のフランス人は知らないふりをする。今や合併によってヨーロッパ最大の金融機関になった、BNPパリバのアナリストで、ハーバード大学でMBAを取得していようと、「だから？」しか返ってこない。

ただし、娘や息子といった近親者には、内心ではアンチ「いい仕事」についてくれることを望みながら、「ここはアメリカじゃなくて、天下のフランスなんだから」と言い切る。「ハドソン川が流れるニューヨークじゃなくて、セーヌ川が流れるパリなんだから」とほほ笑むフランス人の、それがせめてもの矜恃である。

教師について書くはずだったので、話の筋を戻そう。わが国で小中の教師の質が云々されているが、フランスでも地域によっては教育現場の荒廃が問題視されている。ただ、先生に対する尊厳に関しては、わが国のように冒されてはいない。先生をバカにする親の子どもは成績が悪いと、きっぱり言い切る大人たちもいる。安い給料で子どもたちに熱心に勉強を教えてくれている先生たち以外の、だれに敬意を払えというの？　という、フランス人の親たちの感謝の言葉がきこえる。

芸術家ではなく、職人であることにこだわる生き方

職人的なもの書きに、私はなりたい。こつこつ研鑽《けんさん》をつめば、いい文章が書けるようになると、この歳になっても、まだ信じている。そう思うきっかけになったのは、15年ほど前のことだった。

パリの職人工房を三十数軒取材して、写真入りの一冊に仕上げた。私たち旅行者でもアポイントなしで訪れることができて、職人さんの作品が気に入ったら買える工房を厳選した点も、当時としては斬新だった。

来る日も来る日も職人さんの工房をくまなく覗き、お話を聞いた。今なら自分のデジカメで撮るが、当時はまだ写真はカメラマンに依頼した。

銀細工、革加工、装丁、造花、刺繍、ステンドグラスや磁器のプロ工房を訪れ、それぞれの職人芸の巧みさに感動した。以来、パリを再訪するたびに、時間が許す限りかつて訪れた工房へ足を運ぶことにしている。職人さんたちが歳を取るたびに、私も彼らと一緒に歳を取ると思えば、歳を取るのも平気でいられる。中には年金が出るようになって引退して、南仏に移住した職人さんもいる。驚くほど精巧なからくり人形の作家さんが目を悪くして、細かい手仕事ができなくなって廃業した。それでも7割方は健在で、それぞれに職人芸に磨きが

かかる。

訥々《とつとつ》としゃべる彼ら一人ひとりが、申し合わせたように、自分たちは芸術家ではなく職人、アルチザンであることにこだわっていた。中には自分はアーチストではないとはじめに断ってから、しゃべりだした職人さんもいた。彼らと一緒にいて、アーチスト、つまり芸術家とアルチザンは紙一重のようで、対極にあると思った。そして私は物書きとして、職人的に生きる覚悟をしたのだった。

銀食器もそうだが革製品なども、職人の世界は買ってもらって、使いこんでもらってなんぼの世界である。『モナ・リザ』ではないのだから、お財布も鞄も靴も、置いておくだけでは価値は生まれない。一方で、いくら年季を積んでも上達しない職人さんがいてもいい。玉石混淆で、ひどいものがあるから丹精こめた職人芸が光る。

わが国も文部科学省がもの作り教育を奨励しているが、人間にはタイプがある。こつこつ型がきらいなやんちゃ坊主やお転婆娘がいるように、地味な職人気質がいる。それぞれの性格を認めながら、おたがいのいいところを探して共生できる世の中が理想だ。

やんちゃ型の最たるものが、芸術家だ。彼ら彼女たちは、なにがなんでも目立ちたい。画家、彫刻家、音楽家やアーチスト系といわれる人たちの優先順位は、自らの存在自体が目立つことなのだから。

その意味で、吉本のお笑い芸人もアーチストの資格ありだ。テレビの人気者や名だたる芸術家になった一部の成功者の陰に、膨大な数のやんちゃ坊主やお転婆娘がいる。経済成長率ゼロだマイナスだと懸念されようとも、生き方の二者択一ができるのが、わが国の余裕ではないだろうか。

バカンスの醍醐味は人と人との出会いにあり

出会いのチャンスさがしに、フランス人は貪欲だ。男女の出会いも含めてではあるが、風俗系の不謹慎な話ではもちろんない。大人と大人の、人と人との出会いに毎回、人生をかけての真剣勝負を繰り広げる。

私たち日本人なら蔑《ないがし》ろにしてしまうような小さな出会いも、彼らはおざなりにしない。出会いに何を期待しているのかといえば、一言で言うとコミュニケーションである。つまり彼らは、日常生活に人肌の温もりを求めているのである。そう言うと、はたまたエロ集団のように聞こえるが、決してそうではない。人間はひとりでは生きていけないという、フランス人の素直な真情の吐露である。

『淋しいフランス人』というタイトルの本がないものかと、本気で探した。なぜかというと僭越《せんえつ》なようだが、フランス生活必勝法があるとしたら、彼らのだれもが無類の淋しがり屋であると認識することだからだ。

そんなことを言ったら、人間はみんな淋しいんだと、言われてしまうだろうか。そうしたら私は再度、「いいえ、フランス人は私たち日本人より、もっともっと淋しがり屋です」と断言する。そうでなければ、あれほど執拗《しつよう》なまでに、出会いを渇望したりしない。それも、非日常な出会い。不承不承、仕事をしている日々には、まずありえない異業種の人たちとの出会いをである。

バカンスで生きる歓びを謳歌する彼ら彼女たちは、肌を丸出しにして本性まであけすけにして、あるがままの姿を露呈。仕事から解放されたバカンスの間に、ふだんはできない濃密な人間関係を築く。バカンス用に借りた家のテラスで、夫婦や事実婚カップルの、こんなささやきが聞こえる。暮れなずむ家の広い庭で、子どもたちが安心して遊んでいる。

「今日の午後、海辺で私がしゃべっていたマダムのこと、気が付いた？　アメリカ系のコンサルタント会社にお勤めなんですって。年齢は同じだったけれど、私のような地味な研究者とは、雰囲気がちがったでしょ」

すると夫らしき男性が、「そうね、彼女も君と同じぐらいチャーミングだったね。彼女が違う世界の人だから、仲良くして面白いんじゃないの」と、新しい出会いを見つけたパートナーの勇気を讃えた。子どもを遊ばせていて、初対面の母親たちが挨拶程度を交わすことはあっても、パートナーの目に止まるほど親密に女同士がしゃべるのは、双方の気持ちがバカンス・モードになっているからである。そして夫らしき男性が、彼女にこう提案した。

「こんど彼女に会ったら、食前酒（アペリティフ）に誘ってみたら。僕も、君と気が合いそうな雰囲気だと思った。楽しみだね、携帯の番号を知らせておけばよかったじゃない」

彼に賛同してもらったのがうれしかったらしく、すでに相手の女性と携帯の番号を交換していたことを、誇らしげに言った。恋愛相手をもふくめて、未知の人たちとの出会いがバカンスの収穫である。

カレンダーを見比べて案外多い日本の祝祭日

「仕事が好きな人なんて、いるわけないじゃない。仕事をするために、生まれてきたわけではないんだから。

だれだって、田舎の家で、目覚まし時計のいらない生活がしたいのよ。起きたい時に起きて、近くに流れている小川の水を飲んで、冬に採って乾燥させてあるキノコを水で戻してオムレツにして食べるの。ワインの栓を抜いて、フクロウの鳴き声を聞きながら乾杯して飲んで、そのまま寝ちゃう。ワインを買うために、仕方なく働いているの。家賃を払うために、働いているのよ。バカンスのために、働いているんだわ。ロト（宝くじ）が当たったら、誰も働かない」

日ごろから、「仕事に行きたくない」が口癖のマグリだったから、彼女のお誕生日ディナーの席で、飲んでこう言っても誰も気に留めなかった。ところが、みんなでコニャックを舐めていた時、マグリが大きな声を張り上げた。

彼女は自分がもらったプレゼントのリボンを順番に、解いて中身を開けた。ついに彼女のハートを射止めたいと願っている、アメリカ人男性が用意したエルメスの包みを開ける番になった。オレンジ色の箱に掛けてある茶色のリボンを外して箱を開けて羽二重紙を開けると、濃紺の革の手帳が入っていた。

純銀製のシャープペンシルが付いているそれをマグリが、まんざらでもないように取り出し、ページのはじめの部分を眺めた。そして、その時に「信じられなーい！」と言って、あんぐりと開いた口を手で押さえた。その場に居合わせたフランス人は、エルメスのプレゼントにちょっと呆れ、彼女の説明を聞いて驚き、一瞬の沈黙の後に彼ら全員の視線が私に向いた。そしてみんなで手帳の最初の部分を廻し見して、「信じられない！」の大合唱になった。

フランス版のＮＴＴのような大会社に勤務するマグリが、手帳に記された国民の祝祭日が、フランスより日本のほうが多いと言ったのだ。イギリスよりも、日本のほうが多いとも。それでもフランスではバカンスの習慣が義務化しているから、トータルの休みはわが国よりだんぜん多い。

国民の祝祭日から話題はやがて、仕事に対する意識に移っていった。マグリのおかげではからずも、仕事に対するフランス人の本音が聞けた。

働いてお給料をもらわないと生活できないから、しかたなく会社に行っていると全員が言って、私は沈黙した。仕事が好きだと言う人がいるとしたら、その人はほかにしたいことがない、つまらない人だとも。唯一の反論は、「そうとも限らない、アーチストとかミュージシャンならば。セルジュ・ゲンズブールみたいに、仕事と私生活が混在してる人もいる」と。

マグリが勤めている会社もそうだが、郵便局とか市役所などの窓口にいる女性たちは、出社した時から終業のベルを待っているような顔をしている。わが国の同じ職種の女性たちは、仮にそう思っていても笑顔で我慢だ。有給休暇の完全消化を義務付ける法案が成立したら、わが国は一挙に名実共に奇跡の労働者パラダイスが実現するのではないだろうか。

狩猟は上流階級の血なまぐさいイベント

狩猟は労働ではないと書かれている本を、最近になって読んだ。パリで暮らすようになる以前にそうと知っていたら、ヨーロッパでお城を訪れたときの意識が違っただろうにと思うと残念だ。

パリから70キロ弱南にある、フォンテーヌブロー城についても認識を改めよう。貴族の狩猟用の別荘だった建物を、フランソワ1世が華麗な宮殿に建て直したと聞いている。

フランソワ1世といえば、イタリアで開花したルネサンスをフランスに持ち込み、かのレオナルド・ダ・ヴィンチをフランスに招喚。ちなみに名城で知られるロワール川のほとりのアンボワーズ城で、ダ・ヴィンチは没している。

フランソワ1世は、ルイ14世でピークに達したブルボン王朝、フランスの絶対王政の礎を築いた名君である。息子のアンリ2世の死後、イタリアのメディチ家から嫁いだ王妃のカトリーヌが暗躍。清教徒革命という、血で血を洗う壮絶なドラマまで引き起こす。その時代、パリから近い秀逸な狩り場を提供する美しい森に佇む、幾多の荘厳な城を舞台に、王権奪取の血なまぐさい権力闘争が繰り広げられたのだった。血なまぐさい権力闘争の、時として重要なファクターになった狩猟が、遊びと儀式の中間だったとは。

権力闘争がらみの狩猟が労働ではないと言われれば、たしかにそうかもしれないと頷きもしよう。日ごろから、あまり後悔しない性格の私が、学生時代の不勉強を恥じた。

狩猟が労働ではないとなると、私たち日本人が農耕民族で、ヨーロッパ人が狩猟民族であるという位置づけが根底から揺らぐ。農耕という純粋な労働と、はっきり労働ではない狩猟を、対で考えていたのが誤りの元凶だった。遅きに失した感はぬぐえないが、知らないで死ぬよりましだったわけで、1冊の本との出会いに感謝したい。

そうだったのか、狩猟はスポーツ感覚のイベントだったのか。そのことに納得した瞬間、ある人のことを思い出した。パリで最初に住んだアパルトマンの住人仲間のひとりで、今でも会うたびに、患者さんがいないことを嘆く開業医のアレクシイがあるとき、こんなふうに言ったことがあった。

「本当のことを言えば、ヴェテリネール（獣医）が羨ましい。獣医になるための試験は、人のための医者より難しい。研修期間も過酷だけれども、その分圧倒的に収入がいいんだ。猟犬に血統書があるように、獣医にも家系主義があるから、その点で人の医者はかなわない。フランス革命記念日のパレードの馬も、獣医の管轄だものね」

アレクシイがしてくれた獣医さんの話で、上流階級のイベントとしての狩猟の曖昧なイメージがくっきり浮かび上がった。そう、獲物を見つけてワンワン吠える猟犬がいなければ、狩猟はなりたたない。王侯貴族と現代を、獣医さんの権威がつないでいると解釈しよう。そう思えば、愛犬家の散歩道になっているセーヌ河岸で、毛並みのいい大型の猟犬を連れて歩く威風堂々とした飼い主の存在感も、ヨーロッパの王侯貴族の名残にちがいない。

社会主義国ニッポンと中国資本主義

「格差社会」とか、かなり前にはやった「下流社会」という言葉が、私は大っきらいだ。世界中のどこよりもわが国は、格差のない社会だと確信している。わが国ではウォール・ストリートの格差反対デモは起こりにくい。その代わり、この先もビル・ゲイツは生まれないだろう。

このままでは格差が広がる一方だと、経済評論家たちはいたずらに警鐘を鳴らす。だが、どう考えても違うと思う。日本人のミュージシャンがどんなにヒット曲を飛ばしても、ＭＪ（マイケル・ジャクソン）のようにネバーランドを作ることはできない。日本語という制約もあるが、それだけでなくメジャーよりマイナー路線を潔しとする気持ちが、私たち日本人の心に潜んでいるからではないだろうか。判官《ほうがん》びいきにも、通じているかもしれない。

親の代から都内で中華料理店を営んでいる私の親友の会社の上海スタッフである王さんが私に、こう言ったことがある。

「日本が社会主義国で、中国は完全な資本主義です」

王さんはまた、こうも言った。「日本人は中国人のように、カネ、カネ、カネと言わない。日本の工場労働者は、自分の仕事と給料に満足して働いている。性格も穏やかで、だれもが幸せそうではないか。それに比べて中国では、ごく一部の特権階級の富裕層以外、誰もが生活に不満を抱えている」と。

王さんの言ったことが印象的だったので、東京に戻ってから、よく行っている神楽坂の中華屋さんで馴染みの、日本語が堪能な中国人女性に、単刀直入にこう聞いてみた。「中国人と日本人と、どちらのほうがお金のことを言うの？」と。すると彼女から即座に、「もちろん、中国人ですよ。当たり前じゃないですか。日本人はお金のこと、ぜんぜん言わないですよ。ランチ定食のご飯お替わり自由にすると、ひとりで3度もお替わりするけれど、スイマセンと必ず言ってくれます」という答えが返ってきたのには、笑えた。

ボクサーじゃないんだから、ハングリー精神が欠如していてもいいじゃないか。世の中に、己が身の立身出世に血眼にならない人がいてもいい。わが国では身の丈に合った給料を得て、黙々と働いている人の方が多いに違いない。だからこそ、これからもわが国の仕事の質が保たれる。

蛇足だが、東日本大震災で、人も羨む生活が実はいかにモロいかが暴露された。皇居がある千代田区の麴町や番町、東京湾を望む高層マンハッタンしかりで、徹底した地震対策によりちょっとした揺れで超高層マンションのエレベータが止まる。免震構造ゆえの日常的な揺れと風の音は、ボロな低層住宅に住んでいる私たちの想像を超えている。

平凡な生活に幸せを見出せる感性こそ、生きているということなのだから。

第六章　コミュニケーション：「疲れさせない・疲れない」がおもてなしの極意

外国人は「安くて良い」サービスを期待していない

「おもてなし」とかけて、２０２０年の東京オリンピックと解いたから、私たちの心が乱れてしまった。釈然としない思いで首を傾げ、国民としてどうしたらいいのか真剣に考えている。いくら考えても、町で困っている外国人がいたら、「May I help you?」と言おうかぐらいしか思いつかない。

おりからの英語の幼児学習ブームがさらに過熱し、わけのわからない英語を言わされている子供と、親が費やす時間と莫大な金額たるや、前代未聞である。

そもそも「おもてなし」は個人レベルのもので、ホテルや飲食店などの有料施設は当てはまらないのではないかと思う。営利ではまったくなく、お金が介在しないから「おもてなし」なのであって、お代をいただいたら「おもてなし」ではなく商売である。「真心」とか「おもてなしの心」とすればよかったものをと、僭越《せんえつ》にも考えてしまった。話を戻して、1泊10万円もするホテルなら、受付や客室係、仲居さんが親切で当たり前だ。オリンピックの誘致スピーチを、外国で真剣に聞いている人がいなかったことを切に祈る。

わが国を訪れる外国人がホテルに望むのは、的確で簡潔なサービスとズバリお値打ち価格である。ムーディーズやスタンダード&プアーズ、モーニングスターなどの会社があって、格付けに慣れた欧米から来る観光客への対応を勘違いすると大恥をかいてしまう。ビジネス・ホテルで高級ホテル並みの待遇を、期待する外国人はいない。なにかにつけて、「安かろう悪かろう」が世界の常識。「安くて良い」が罷《まか》り通るのは世界中でたった一国、わが国だけが例外である。安ホテルで法外なサービスを要求する外国人客がいたら、「お客さん、ここはリッツ・カールトンじゃないんですから無理です」と、きっぱり言い切るべきである。

パリのル・ブリストルやプラザ・アテネ、フォーシーズンズ・ジョルジュ・サンクなどの最高クラスになると、そのサービスぶりたるや非の打ちどころがない。ホテルマンが慇懃《いんぎん》だと誹《そし》られることがあるが、もともと慇懃という言葉自体には、悪いイメージはない。私が愛用している『岩波 国語辞典』で慇懃を引くと、「人に接する物腰が丁寧で礼儀正しいこと」と記されている。ところが問題は私たちの意識の中で、慇懃と無礼という言葉がセットになっている点である。最高級ホテルの接客態度が、慇懃で結構じゃないか。と同時に、慇懃無礼はあり得ない。しのぎを削る最高級ホテル業界にあって、無礼な人材が登用されるはずがない。

フランスのホテルの場合は政府直轄の観光開発機構という組織が、実に公正に格付けを認定している。4年ほど前から、五ツ星の上にさらにパラスという超高級のカテゴリーが設けられた。レストランに星を付けるガイドブックで知られるミシュラン社は民間のタイヤ・メーカーだが、観光大国フランスでホテルは、政府機関が格付けする。

２０２０年までに完成するはずのわが国の最高級ホテルで、果たしてどれだけのホテルマンが慇懃な接客ができるだろう。まあ、ホテルや旅館のことはプロに任せて、私たち一般庶民は、迷子の外国人に「May I help you?」がすぐに出るようにしておこう。

おもてなしの秘訣は、福沢諭吉が唱える「お客さまのススメ」

おもてなしの鉄則は、「疲れさせない・疲れない」である。豊臣秀吉のぎんぎらぎんより千利休のわびさびに軍配が上がるように、さりげなさに秘められた真心が光る。しつこいようだが、おもてなしの心は、お金を使えばすむものではない。利休が秀吉に憎まれた理由がそこにあると思うと、納得するではないか。

２０２０年の東京オリンピックにしても、困っていそうな外国人と道ですれちがったら、「May I help you?」で笑顔のあなたがいれば、合格。

それでは次に、自宅でのおもてなしについて、思いつくままをお話ししたい。フランス人は本当に、だれもが自宅でのお招きが上手だ。自宅でのお招きというと緊張する方がおられるが、つまりは「レストランではないんだから」と思えば、お招きする側もされる側も気が楽になる。

一見《いちげん》さんお断りの京都のお茶屋さんと違い、フランスで最高級の三ツ星レストランにはバリアーがない。席が空いていれば、どこの誰でも予約ができる。もちろん、紹介者なんていらない。ジーパンだと入れてもらえないのは、せっかくおめかしをしていらしている他のお客さまに失礼だからである。ドレスコードは、あくまでも常識ラインを保つためにあるわけで、それ以上でもそれ以下でもない。ところがお宅でのおもてなしには、その日が決まるまでに踏むべきプロセスがある。

そもそも出会いがなければ始まらない。初対面でも2度目でも、お招きする側もされる側も、おたがいに親交を深めていきたいと願う気持ちがいる。前提になっているのが、双方のコミュニケーションである。

以前、拙著で「積極的に自宅にお客さまを招こう」と提唱したことがあった。それからしばらくして読者から、こんなご指摘を受けた。

「ここは日本でフランスではないのだから、あんまりお客さまは招きません」と。

そのときの私は素直に、「ああ、そうなんだ」と頭《こうべ》を垂れて、卑屈にさえなった。そして最近まで、読者のその言葉が頭の隅にこびりついていた。「ここは日本なんだから、こんなこと書いてはトンチンカンなのではないか」と、自問自答を繰り返していた。そして、さんざん考えた挙げ句に最近になって、こんな心境になったのである。21世紀の現代なのだから、もっと心を広く持って、世界中のどこに出ても、または、どこに出しても恥ずかしくない人間になれたほうがいいと。

相手を知るには、まずこちらの胸襟を開くことから始めなくてはいけない。相手がしてくれることを、腕をこまねいて待っている場合ではない。そう思っている矢先に尊敬する福沢諭吉翁の、こんな一文に出会った。

「人の顔色はなほ家の門戸のごとし。廣《ひろ》く人に交はりて客来を自由にせんには、先《ま》づ門戸を開きて入口を洒掃《さいそう》し、とにかくに寄りつきを好《よ》くするこそ緊要なれ」

というわけで私は、「お客さまのすすめ」といって胸を張る。玄関を開けて掃除して、お客さまが入りやすく、つまり居心地がよければそれでいい。主客、ともに自然体でいられるのが一番のおもてなしである。

侵してはいけない食のタブー

「ママ、リ・カントネ（炒飯）にハム、使わないでよ」

炒飯のことをフランス語で、リ・カントネ、広東風ご飯という。午後がお休みで、給食がなかった日に私が、子どもたちが好きな炒飯を作ろうとしていた、まさにその時、キッチンに入って来た娘が、こう言ったのだった。

それを聞いて、「あっ、そうだった」と、お昼を食べに来ることになっていた子どもたちの顔を、順番に思い浮かべたのだった。小学校に入りたてとはいえ、幼稚園時代の3年間も一緒だったから、おたがいの家の事情も熟知していた。豚肉のハムを食べてはいけなかったのは、ユダヤ教を信じている家庭の子どもだった。

食べ物の忌諱《きき》に関しては、食べた本人が気付かなければいいというものではない。相手が子供の場合、与える側に責任がある。まわりの仲間たちにしても、ユダヤの家庭で育っている友人が禁止されている豚肉を食べて、罪を犯すのを黙って見ていてはいけない。極悪非道にならないために誰もが、食物の忌諱を避ける。

フランスの高級レストランなら、給仕係のギャルソンはその日のメニューを、微に入り細に入り説明してくれる。町のビストロの日替わり定食なら、「今日の料理はなんですか?」とギャルソンに聞けばいい。ところが自宅でおもてなしをするとなると、それがむずかしい。

日本人同士なら、南瓜《かぼちゃ》がきらいだとか生魚がダメだといった程度だが食の忌諱がある人たちが相手だと深刻である。男女のカップルが原則だから、お客さまが座る席順や話題も考慮。招く側の真剣度もあって、外国では自宅でのおもてなしが最高礼とされる由縁である。

一般の日本人のあなたは、外国人を自宅に招くことなど想定できないとお思いだろうか。でも、グローバル化とか多様化が叫ばれている世の中だから、可能性はゼロではない。たとえばお隣に、イギリス人カップルが引っ越してきたらどうする。

玄関先でご挨拶した数日後にあなたは、英語のスキルアップの目的もあって、彼らを昼食にご招待したとする。献立をあれこれ考え、ロンドンに留学経験のある親友にも相談。甘辛の味付けが外国人好みだという親友のアドバイスにしたがい、豚肉の生姜焼きにした。

玄関のブザーが鳴り、「いい匂いだ」とうれしそうに部屋に入ってきて、カップルが食卓に向かった。お箸づかいも上手いものだと感心したあなたの期待をよそに、イギリス人女性が怪訝な顔であなたに、こう聞いたとする。

「このソテー、なんのお肉?」

そのときになって、茫然自失《ぼうぜんじしつ》のあなたがいる。イギリス人だからといって、聖公会信徒とはかぎらない。先の炒飯の記憶にしても、フランス人だからカトリックとは限らない。鶏肉を嫌悪する宗教がないから、肉類のうちで鶏肉の消費量が世界一だ。和食ブームというけれど、とくにお寿司に人気があるのは、ヘルシーで美味しいだけでなく、すべてにおいて食の忌諱に触れないため、安全安心のお墨付きをいただいているからである。

ほっぽらかすのも夫婦愛の証

定年後の再就職先を郷里の近くに決めたことで、はからずも親孝行ができた親友がいる。群れているだけでパッとしない団塊世代の男性にしては、とても賢い選択である。

「親孝行したい時には親はなし」というのは、ふた昔も前のお話である。人生60年の時代は、たしかに定年も55歳だった。定年でヒマになって親孝行できる歳になって、はたと気がついたら親がいなかったというわけだ。ところが、今は違う。寿命が延びてくれたおかげで、いくらでも親孝行ができる。

老老介護というと悲惨なイメージだが、むしろ心地よい。老いた親を私たち世代が介護するわけで、いいじゃないか。老老がなんとなく辛気臭いから変えたくても、老熟介護も熟老介護も生々しいし、老中介護だと江戸城の老中ほど偉くない一般人の私たちにそぐわない。仕方がないから、しばらくは老老介護と言わせていただこう。

先の賢い選択をした男性のプライバシーをこっそり明かすと、こうである。中国地方で生まれ育ち、高校を卒業して大学で上京。学生運動は多少齧《かじ》ったものの、そのまま無事に就職と結婚。ご多分に漏れず転勤族も経験したが妻と子ども2人の、そこそこ満ち足りた平凡な人生だった。

まあ、世代的にフリーターや派遣社員という言葉がなかった、現代からみれば恵まれた世代である。そんなTさんが定年を機に、親孝行ができる立場になったのは神さまの思し召しに違いない。

会社にあと5年残るのもありだったがTさんは、60歳できっぱり会社を辞めた。在職中に故郷ではちょっとは知られた会社に、再就職の口を探せたのがよかった。迷いがなかったかというとうそになるが、現職に残ってがくんと給料が減るとなると、収入は地方の会社も違わない。猛反対を覚悟でおずおずと奥さんに切り出したら、「そうしたいんなら、いいじゃないの。私は行かないわよ。お家賃は会社が出してくれるんでしょ」と、拍子抜けするほど、あっさりしたものだった。

家賃は会社が出してくれるが、もともと家賃自体が安い。Uターンを決めた理由は老老介護ではなかったが、結果的に実家住まいになった。そしてTさんの帰郷を待っていたかのように、まず母親が、続いて父親が逝った。

介護は大変だと世間では言われるが、親にかわいがってもらったのだから、エンドレスではない親の老いぐらい引き受けようではないか。その点、Tさんはラッキーだった。前の会社のOB会で集まった席で、かつての同僚たちはTさんと自分の立場を置き換えて考えられない様子だった。誰もが老いた親のことが気になっていても、奥さんに遠慮して親孝行に踏み切れないからである。つまりTさんの親孝行が実現したのは、ひとえに奥さんのご理解の賜物といえる。

最近になって、ほっぽらかすのも夫婦の愛情の証であることに気が付いた。もちろん夫婦で歩んできた年月があってのことではあるが、相手がしたいようにさせてあげるのが真の夫婦愛である。寿命が延びた分だけ、したいことができる人生でなくては嘘だ。

流暢な言葉より肝心なのは品格

「五十歩百歩」という言葉を、日本人の外国語レベルの個人差に当てはめると、不思議なほど肩の力がぬける。

パリで暮らしはじめて、間もなくのこと。パリのガイドブックのマルシェ欄にかならず登場する、ムフタール市場の近くに住んでいた時期だった。週に3度は魚屋さんにも行っていたから、私と同じ世代のオーナー夫妻とも馴染みになっていた。私のフランス語は大したことなかったけれど、魚屋さんに日本のワサビをあげて喜ばれていた。

そんなある日の午後、魚屋さんの店先で夫がなにを思ったか、私に「恥ずかしいから、フランス語をしゃべるなよ」と言ったのである。

「オットットット!」といってもギャグにならないが、私がマグロの輪切りを買っていたその魚屋さんに、ガイドさんに引率された日本人観光客の団体さんが見物に訪れていたのである。フランス語ができる日本人ガイドさんの手前、私の下手なフランス語ではみっともないと思った面子《メンツ》男の、とっさの思い付きだったわけである。

ところが私は、もともと羞恥心という言葉を前世に置き忘れてきたような人間である。まして自分のフランス語のレベルは、自分がよく知っている。存在自体の恥ずかしさに比べたら、自業自得の語学下手がなんだと、今でもあの日のことを昨日のことのように思い出す。

自分は英語が堪能だとか、彼がパリの日本人の中で一番フランス語がうまいとか、あの人はスペイン語がスペイン人のように達者だなどと、現地で暮らす日本人が自他ともの語学力を評価することがある。ところが面白いことに、当のアメリカ人やフランス人やスペイン人にいわせると、ほとんどの場合が五十歩百歩。上手下手は、僅差だという。外国で暮らす日本人の現地語水準にくらべたら、モンゴル出身のお相撲さんたちの日本語習得力には、つくづく頭が下がる。角界を引退したら、モンゴル大学の日本語学部の教授になれる。

そうはいっても、外国人にとっては僅差かもしれないが、しゃべっている私たちにすれば50歩と100歩のちがいは大きい。語学はできないより、できたほうがいいに決まっている。唯一の救いは現地語が下手でも、まったくできない同国人にはバレないし、しゃべっているだけでうまいと思われることである。これをもって、語学力の相対性を物語るといったら適当すぎるだろうか。

あるとき、知人のフランス人が日本人の通訳を連れて私に会いにきた。フランス人を笑わせることが生き甲斐の私はその時も、彼の日本滞在談義に花を咲かせた。喧々囂々《けんけんごうごう》、大いに盛り上がっている最中に通訳さんが私に、ポツリとこう言った。「フランス語って、これでいいんですよね」と。

そんな語学の混沌のなかで、パリ生活20年の私はこう断言する。とどのつまり、流暢《りゅうちょう》な言葉より肝心なのは日本人としての品格である。それに、やはり世界の公用語は英語。かつてフランス人に英語で話しかけると返事をしてくれなかったのに他意はなく、彼らが英語を解さなかっただけで、今は違う。パリっ子のエスプリに浸りながら、英語で通すのがお勧めである。

乾燥イチジクと梅干しを間違えたフランス人母娘への「お節介」

住んでいる神楽坂の、「よしや」というスーパーにフランス人母娘がいた。そして彼女たちは食品棚の前で、母親が手にした商品をじっくり眺めて、こう話しているではないか。季節は晩秋から、初冬に移り変わるころのことだった。

「ねえねえコレ、何だと思う？　クリスマス用にいつも買っている、イチジクではなくて？

フランスに帰る前に招かれている、パパのお友だちの家のパーティーに行くときのプレゼントにしてはどう?」

そのフランス人母娘に気づいた私は、彼女たちが持っていたものを見て、とっさにこう思った。この人たちがイチジクと間違えて、コレを買ってしまったらお気の毒。ここはお節介だが、彼女たちにコレの正体を教えてあげなくてはいけないと。次の瞬間、彼女たちの背後から、「あなたが持っているの、イチジクではありませんよ」と言っている私がいた。

すると母親のほうが振り返って、「ア・ボン?」と言って、商品を棚に戻して私にていねいにお礼を言った。彼女たちが乾燥イチジクだと思っていたのは、なんと梅干しだったのである。「ア・ボン」というフランス語は便利で、日本語で「そうなの」である。

フランスでは11月ごろになると、スーパーや市場にプラスチック容器にぎっしり詰まった軟らかめの乾燥イチジクが並ぶ。昔はドライフルーツが珍重されていたから、とくにイチジクは、クリスマスのご馳走だった。それにしても、あろうことかフランス人母娘がイチジクと間違えそうになったのが、梅干しだったとは。乾燥プラムや和菓子の桃山あたりをイチジクかと思って買ってしまったなら、笑ってすまされるが梅干しはいけない。

家にお招きを受けた場合、フランス人はチョコレートや花束を、その家の女性への手土産にする。ホステス役の女性は花なら花瓶に活けて会食の部屋に飾り、チョコレートなら食後のコーヒーの時に皆さんの前で開ける。箱を開けて、居合わせたメンバー全員に廻して、みんながひとつずつ手に取っていただく。当たり前のように口に放り込んだものが、梅干しだったとしたらどうだろう。異郷の地で、顔がみるみるうちに歪んでいく仲間を見ているフランス人たちの様を想像するだけで、身の毛がよだつ。

スーパーを出て私たちは、ごく自然に私の家でお茶をすることにした。そうしたらマダムがはにかんで、こう言ってくれた。「夫と3年東京にいますが、日本人の家に上がったのは初めて。今晩、夫にあなたの家のお茶に呼ばれたと言ったら、彼、きっとよろこびますわ」

今もこうしてフランスものを書いているのだから、こんなかたちで在日フランス人のお役に立てたら本望である。

暗黙のコミュニケーションで成り立つフランスの保護者会

フランス人を見ていて、なぜだろうと思うことの連続だった。パリではなくロンドンで暮らしていたら、こんなに首を傾げただろうか。人生の選択肢に、逆戻りはない。

もちろん大変なことばかりではなく、フランスで暮らして抱えきれないほどの量の面白いことに出会った。喜怒哀楽が激しいはずの彼らが、意外に神妙にしている場面に出会って驚きもした。子どもが通っていた学校の保護者会がまさにそうで、目を白黒させながら先生のおっしゃることを聴き、集まった保護者の反応をうかがった。

年に一度しかない集会だし、フランス人の集団だから、会合の収拾がつかないのではないかという私の思惑に反して、保護者会は実にスピーディーに終わった。賛成、反対とか意見交換といった、コンセンサスを取る場面がまったくない。

登校時間の厳守、親の都合で子どもを休ませてはいけないといったことを、穏やかな口調で先生がおっしゃるのを、保護者たちが静かに聞く。あたかも事前に用意されたかのように、先生の話がすみやかに運んだ。

あるとき、最後に「なにか質問がありますか？」と先生が、保護者たちにただした時のことだった。ひとりの母親が、彼女の頭の高さに人差し指を立てた。フランスの挙手は片手を高く上げるのではなく、大人も子どもも、この母親のようにする。質問者は最初に子どもの名前を言うことになっているから、「私はピエール・モランジュの母親です」と先生に断ったうえで、こう切り出した。

「宿題を減らしてくださるように、お願いします。とくに週末は、家族だんらんの時間が妨げられるので、出さないでください」すると即座に先生が、こう言い切ったのだった。「それは、あなたの子どもの勉強ができないからで、宿題は多くないです」

勉強ができないと言われた子どもの母親が憤るわけでもなく、先生を非難するでもない。

おまけに他の保護者たちも、まったく反応しない。室内に気まずい雰囲気が流れることもなく、「ほかに質問がなければ、これで終わります。ご家族のみなさんのご健康をお祈りしてます」で、お開きになった。まさに、暗黙のコミュニケーションの見本のようだった。

役員も、まるで阿吽《あうん》の呼吸のように決まる。「だれか、役員になってくれる方はいますか?」といって先生が保護者たちを、このときばかりは笑顔で見回す。すると先生に向かって、「ウィイ、私がしましょう」と名乗り出る親がかならずいるのが不思議だった。順番とか交代制で役員は決まらないし、先生からの希望や指名もない。先生に宿題を減らしてほしいと言ったタイプの母親が役員になる例が、確率的に高かった。

小中の保護者会はこんな感じだが、さすがに将来の進路にかかわる高校のリセになると、保護者たちの真剣度がます。幼稚園から中学までは、保護者会は親たちの仕事がない土曜日。高校になると先生と保護者のアポイント制で、夕方の7時ごろから15分刻みで生徒と保護者の三者会議になる。

いずれの場合も親同士の意見の交換もなければ、モンスター・ペアレンツもいない。冒すべからざる教師の尊厳が発揮される。子どもにとってのベターを望む親と教師の「疲れない」コミュニケーションといえる。

面倒でも心ほのぼの、日本式なマンションの管理組合

パリの建物は、いうなればマンションの集合体である。隙間なく建っているところが、よくよく考えるとすごい。アパルトマンを購入しても、土地に対する所有権は発生しない。土地所有という概念が、フランスにないからである。したがって買うのは永遠の使用権で、売るのは自由。建物に壁の権利というのもあって、アパルトマンの権利関係は複雑怪奇。アパルトマンというと木造アパートのようだが、フランスの集合住宅は石造りで、れっきとしたマンションである。

パリの建物は路面部分が店舗でも、上の階が住居になっている場合がほとんどである。私が長く住んだサン・ミッシェル広場6番地も、広場に面した玄関の両側が、有名書店とカフェ。住所はパリ有数の賑やかな広場でも、わが家は奥の建物で静かだった。入り口は堂々とした19世紀のオスマニアン様式だったが、奥にルイ13世の乳母が住んでいたといわれるアパルトマンだった。管理費の内訳をみると、広場に面した建物の玄関を通る通行料として、その管理費のいくばくかが課せられていた。

市内の建物の規模はまちまちで、アパルトマンには賃貸もあれば家主が住んでいることもある。いずれにしても管理体制の複雑さは相当で、パリのアパルトマンの管理費の高さは並

大抵ではない。管理費の高さが、建物のステータスになっているといわれるほどだ。

管理体制の複雑さの例に、パリ市の水道料金がある。水道代は、戸別に請求されない。水道料金の請求書は建物ごとに管理事務所に送付される。管理事務所が個々の占有面積比を割り出し、それぞれに水道代を振り分けて管理費に合算。したがって水道代は、たくさん使っても、使わなくても関係ない。

遅ればせながらわが国も都市部を中心に、集合住宅ゆえの煩雑さが顕在化してきたようだ。わが国のマンションにも、第三者管理者方式が導入される可能性が出てきたことをメディアが報じた。今でも、ほとんどのマンションの管理のおおもとは、販売元の子会社に委託されている。加えて細かな規則や日常的な雑務が、住人の自治で運営されているはずである。

マンションの自治会といえば、住人のエゴがぶつかり合い、勝手な意見が飛び交い、人生の煩わしさの縮図だと嘆くご仁もいる。役員の順番が回ってきたら、ひたすら耐え忍ぶ覚悟でおいでかもしれない。だが、ひとたび第三者組織に全面委託されたら、民間の管理会社の目的は営利である。パリのアパルトマン事情の悲劇を知りつくした、私の意見に耳を傾けてほしい。

そこで私は、「フランスみたいにならないように!」と、わが国のマンションの管理体制の変化の予兆に緊急警告したい。フランスのように管理専門の業者に全面委託されたら最後、居住者はプロ集団の格好の餌食である。住人同士が相談して物事を決める余地はなくなり、問題があったら管理事務所に直接連絡するしかない。当然、住人たちの心の交流も極端に減る。住人たちのお付き合いも夫婦と同じで、うるさいと思っているうちが花。失って初めて知る癒やしのコミュニケーションに違いない。

外国人の目に、重いトランクを運ぶ女性ポーターはどう映るか

つい先日、フランスから到着した親友のアンナに会いに、都内の某有名ホテルに行ったときのことだった。彼女の滞在中の日程をメールで調整したが、日本人スタッフからの予定表が出発前日まで未着だった。翌朝から会議が入っているのは確かだったので、善は急げで到着日に約束をした。

常々思うことだが、日本人とフランス人で、気力ではなく基礎体力がぜんぜん違う。フランス人だけでなく、欧米人と言ったほうがいい。亡きダイアナ元妃の時も出産後のタフな姿に驚いたが、キャサリン妃にしても、私たち日本人女性との体力の違いを痛感した。

話をアンナにもどすと、フロントで彼女の入室を確認してもらい、私が来ていることを伝えると数分して、元気溌剌《はつらつ》の彼女が笑顔で姿を現した。夕食がまだだというので、そのまま

ホテル地下のしゃぶしゃぶにした。アンナはしゃぶしゃぶよりスキヤキが好きなのだが、残念ながらそのホテルにはしゃぶしゃぶしかなかった。

1階から地下に降りるエスカレータで、ひと通りの時候の挨拶をすませるとアンナが、急に訝《いぶか》しげな顔で、こう言ったのだった。

「なぜ、東京のホテルのポーターに女の子がふえたの？ 5年前のときは男性だったのに、今日は若い女の子だった。フロントに女性がいてもいいけれど、重いトランクを女の子に運んでもらいたくないわ。男性たちは、どこにいったのかしら？」

納得できないことがあるとアンナは、喋った後に口を尖らせて、両手の平を開いて、おどけたポーズをとる。たしかに、ホテルのフロント近くで外国人客のトランクを制服姿の女性のポーターが運ぶのを初めて見た時、私もあれあれと思った。彼女たちがベルガールと呼ばれ、英語を話す機会に恵まれた人気職種だということも、そのとき知った。

体力測定をするまでもなく、日本人の女の子たちは欧米人の女性に比べて華奢《きやしや》だ。彼女たちは自分のことを「あんがい力があるんですよ」とよく言うが、ルフトハンザやアエロフロートのおばちゃんたちを見慣れた私には、何の説得力もない。

パリのメトロにも、早い時期から女性運転手さんがいる。大型の長距離トラックの運転手さんになりたい女性がいても、いいと思う。日本を訪れた外国人が、京都に向かう東名高速道路を走っている観光バスの車窓から、大型トラックの運転席に女性がいるのを見ても、なんの違和感も覚えないだろう。世の中には、さまざまなタイプの女性がいることを、彼らは知っているからだ。

職業選択の自由に男女差がないのはわかるし、いくつものトランクを載せるキャリーの性能も断然よくなっているだろう。それにしても、日本を訪れる外国人がリムジンを降りて、自分たちのトランクを制服を着た女の子たちが運んでいるのを見たら、きっとアンナと同じ気持ちになるのではなかろうか。日本は男性の数が少ないに違いないと思う、外国人観光客もいるかもしれない。

セクハラを指摘されるのを覚悟で申し上げると、弱きもの、汝の名前は女なり。ドーピング疑惑が示す通り、男性ホルモンは強者の証である。お嬢さまがた、重いトランクはベルボーイに任せて、エレガントでいていただきたい。

食卓外交で会議を踊らせたフランス人の離れ業

外交の場こそ、おもてなしの晴れ舞台である。建て前が優先する会議を終えた各国首脳人が、ともに食し、括弧つきとはいえ本音で、昼間の会議より打ち解けて語る晩餐会では、主催者のおもてなしの技量が問われる。

そこで思い浮かぶのが、かのウィーン会議だ。会場はマリー・アントワネットの生母、マリア・テレジアの居城として知られるウィーンのシェーンブルン宮殿、1814年のことである。会議の成果より、「会議は踊る、されど進まず」の会議を揶揄《やゆ》する名言で知られている。

そもそもウィーン会議は、フランス革命と、それに続くナポレオン戦争終結後のヨーロッパの秩序再建と領土分割のために開催された。ところがウィーン会議には、かつてないほどのおまけがあった。ヴェルサイユを凌ぐ豪華さを目指して建造されたシェーンブルン宮殿を舞台にした晩餐会が、それ以降のヨーロッパの上流階級の食卓を塗り替えてしまったのだった。余談だがシェーンブルン宮殿といえば、幼いモーツァルトが王妃マリア・テレジアの前で演奏した「鏡の間」、「マリー・アントワネットの部屋」が残る、ヨーロッパの名城である。

ウィーン会議の主催国は当然オーストリアで、議長はメッテルニヒ。ロシア皇帝のアレクサンドル1世、オーストリア帝国のフランツ1世、プロイセンのフリードリッヒ3世といった列国首脳が大集合。制裁を受ける側の代表がフランスの外交官、タレーランである。そして「会議は踊る、されど進まず」を仕組んだのも、被告席のタレーランその人だった。お集まりのお歴々は気もそぞろ、会議の内容そっちのけで晩餐会の料理、シャンパンとワインが気になって仕方がない。そしてタレーランには実は、奇才料理人のアントナン・カレームという懐刀《ふところがたな》がいた。カレームの後継者が、あのオーギュスト・エスコフィエだと言ったほうが、わかりやすいかもしれない。

カレームは1784年、パリの極貧の家庭に生まれた。フランス革命の混乱の最中、10歳に満たないころに路上に捨てられたカレームだったが、たまたま食堂の主人に拾われたのがきっかけで料理の世界に入った。そして料理の研鑽を積み、やがてタレーランに見いだされることになる。食いしん坊のタレーランを喜ばせるためにカレームは、斬新な料理法を次々に考案。ピエス・モンテといって、お砂糖やマジパンで作ったお菓子を堆《うずたか》く盛るパーティー用の技法の祖である。パイ生地の五回折りや伝統ソースの分類など、後の料理界に偉業を残した。「国王のシェフ」とか「シェフの帝王」と称されながら、カレームは50歳になる前に没し、モンマルトルの墓地に眠っている。

昭和の名歌、西條八十の「お菓子と娘」に出てくる、私たちが大好きなエクレアも、カレームが考案したとする説もあるが、定かではない。いろいろ調べてみたが、パイ生地の研究をしている間に、そう言われるようになったに違いない。

それにしても、主君への忠誠心からタレーランを喜ばせるために、カレームは近くの国立図書館に日参して刻苦勉励。ひいては主君の栄光を勝ち得る結果になったのだから素晴らしい。無欲こそ、おもてなしの極意を物語る、歴史的なエピソードにちがいない。

全国をヒッチハイクで旅したドミニクの「日本は世界で一番いい国」

もう20年近くも前になるが、「ラスコーの洞窟画」で知られるペリゴール地方を取材で訪れた時のことだった。地元の観光協会の担当者が、ぜひ私に会わせたい若いカップルがいると言った。

それから20分ほど走った車窓の外に、まさにフランス人が大いなる田舎と絶賛する風景が広がっていた。そして私たちが乗った車は街道を外れ、ドルドーニュ川の支流を渡り、景色の一部になっているような、1軒の石造りの建物の敷地内に入った。以前は村の小学校だったが、廃校になった建物を村が住宅用に提供しているとのことだった。

自動車の到着で、餌をついばんでいた数羽の鶏が逃げまどい犬が吠え、一瞬にして辺りの静寂が破られた。その騒ぎを合図に現れたのが、栗色の天然パーマがかわいいドミニクだった。ドミニクとパートナーのジャンと挨拶を交わし名乗りあった私は、観光局の人が彼女を私に紹介したがったわけがわかった。ドミニクはペリゴール地方を代表する、日仏民間親善大使だった。せっかくなので、当時の彼女の肉声をお聞かせしよう。

「日本全国、ホッカイドウからオキナワまでヒッチハイクしました。それぞれの地方に特色があって、人々が優しくしてくれて、日本人のだれもが人間的に素晴らしいです。

東京は物価が高いと聞いていたので、通過しただけで滞在しませんでした。一度も有料施設に泊まらず、親しくなった人の家に泊めてもらいました。1ヵ所に泊まった日数はまちまちですが、泊めてくれた人が次に泊めてもらえる家を紹介してくれました。電話で私たちを泊めてあげてくれと、友だちに頼んでくれたんです。その家まで、車で送ってくれた人もたくさんいました。

面白かったのは、私の名前を言うと、会った人のだれもが、同じ歌を口ずさんだことです。フランスでは平凡なドミニクが、まさか日本人に知られている名前だとは思いませんでした。それに私もジャンも、日本で聞くまでこの歌を知らなかったんですよ。

もちろん、だれもフランス語を喋らないし、英語ができる人もほとんどいませんでした。それに私たちにしても、英語はできません。ドミニクという名前だったから、日本人にあんなに親切にしてもらえたのかもしれません」

肝心の歌というのがこの「ドミニク」で、私たちの世代ならみんな知っている。

ドミニク　ニクニクそまつななりで　旅から旅へ
どこに行っても語るのはただ　神の教えよ
イギリスならばジョン王の頃　セントドミニクのこの物語

この歌のおかげでドミニクたちは、まる1年かけてゆうゆうと日本全国をヒッチハイクできたといっても過言ではない。親切にしてくれた日本人のだれもが、彼女たちのことでわかっていたのは目の前にいる若者たちが欧米人だということくらいだったにちがいない。ふたりを親切にもてなしてくださった皆さんに、ドミニクたちに代わってお礼を申し上げる。

皆さんの無償の行為がこの先も永遠に、1万キロ離れたかの地に親日という大輪の花を咲かせるのだ。

おわりに

本書は私にとって、記念すべき1冊になった。住んでいる神楽坂で営業していた、『ジョルジュ・サンド』という焼き菓子屋を閉め、本業復帰後の第1作だからである。

「そんなの、あんたの勝手でしょ」と、どうぞおっちょこちょいの私を嘲笑って欲しい。そしてついでに、「やっぱりこいつは、物書き稼業のほうがあってるわ」と、おっしゃっていただけたら最高にうれしい。

厨房でお菓子の生地を捏《こ》ねながら、様々な思いにとらわれていた。始めるのはいとも簡単で、思い立った翌日に物件を見つけ、あれよあれよという間の開店だった。そう、1年たった時、こう呟いたのを忘れない。プロのパティシエさんはだいたい、20年ぐらい修業してから店を出す。彼らのような汗と忍耐の20年なしで、一足飛びに店を出してしまったのだから、この世界の常識を逆算しようと考えた。そして、こう思ったのだった。「やっと1年たって、これで1／20が終わった。あと、19年で人並みだ」と。

謙虚といえば聞こえはいいが、勘違いにもほどがある。それにしても、行うは易し辞めるは難しで、8年が過ぎた。この間、拙著の出版が鈍ったのは、ひとえに朝から晩まで店にへばりついて、製菓と接客に明け暮れていたからである。

晴れて本業に戻ってみたら、意外にも店を辞めた感傷に浸ることもなく、すぐに書くことに没頭。「さらばジョルジュ・サンドの日々」というほどの感慨はなく、まして後悔などまったくなく、店でお近づきになった読者の皆さんとの交流がご褒美として私に残った。フランスの生活に慣れ親しんだ私がさらっと書いた、人生を三分割して考えるフランス人の発想についての箇所が、とくに新鮮だと言ってくださったご意見もありがたい。彼女たち、彼らが今回の復帰を、誰よりも喜んでくださっているに違いない。

世の中、どこに住んでも暮らしても、人の心の中身はそう変わるものではないというのが私の持論である。しかし、パリから東京に生活の拠点を戻してすぐのころ、ある一言でジーンと胸が熱くなったことがあった。

急に降り出した雨の中を、娘と私は傘を差さないで神楽坂通りを自宅に急いでいたのだった。真夏のにわか雨だったのと、フランスで傘を差さずにすたすたと雨の中を歩くことに、私たち母娘は慣れてしまっていたからである。そしてそのとき道で、顔見知りの乾物屋さんの店員さんとすれ違ったのは覚えていた。

それから数日たった晴れた日、件の店員さんが私にこう言ったのだった。

「この前は、傘を貸してあげなくてごめんね」と。

世界中のどこに、こんなに豊かな会話が成り立つ国があるだろうか。情緒的なだけじゃないかと言ってしまえばそれまでだが、万感がこみあげる。フランスでの日々があったからこそ、自国の美点に気づくのかもしれない。傘の一件には、後日談がある。

ご近所の甘味処『紀の善』の女将《おかみ》に興奮して傘のことを話したら、いつもクールな彼女のこの一言。「なに言ってんのよ。日本人なら、当たり前よ」と。

読者の皆さん、このたびは本書をお手に取ってくださったことに、深く感謝をいたします。何事もいいとこ取りで前向きにお暮らしください。微力ながら私も皆さんと歩みをご一緒したいと思います。そしてこの場をお借りして、編集を担当してくださった原田隆さんに、心からお礼を申し上げたい。せっかくなら講談社の出版書籍の中でも売れ筋の、「＋α新書」がいいでしょうと言ってくださったご厚意がうれしいです。

吉村葉子

エッセイスト。1952年、神奈川県藤沢市生まれ。立教大学経済学部卒業。20年間のパリ生活から得た見聞をもとに、日仏の文化のちがいをとおして、よりよい生き方を模索する著作が好評を得ている。
現在は神楽坂を拠点に、講演活動も行っている。主な著書に『お金がなくても平気なフランス人 お金があっても不安な日本人』（講談社文庫）ほか多数。

講談社＋α新書 702-1 A

フランス人《じん》は人生《じんせい》を三分割《さんぶんかつ》して味《あじ》わい尽《つ》くす

吉村葉子《よしむらようこ》

2015年8月20日第1刷発行
2015年9月30日第2刷発行

発行者――――鈴木 哲
発行所――――株式会社 講談社
東京都文京区音羽2-12-21 〒112-8001
電話 出版(03)5395-3532
販売(03)5395-4415
業務(03)5395-3615

装画――――グレース・リー(BUILDING)
デザイン――――鈴木成一デザイン室
カバー印刷――――共同印刷株式会社
印刷――――慶昌堂印刷株式会社
製本――――株式会社若林製本工場

Printed in Japan
ISBN978-4-06-272906-2 JASRAC 出 許諾 第1509325-501号

講談社＋α新書

格差社会で金持ちこそが滅びる
ルディー和子
人類の起源、国際慣習から「常識のウソ」を突き真の成功法則と日本人像を提言する画期的一冊
840円 698-1 C

天才のノート術 連想が連想を呼ぶマインドマップ®〈内山式〉超思考法
内山雅人
ノートの使い方を変えれば人生が変わる。マインドマップを活用した思考術を第一人者が教示
880円 699-1 C

イスラム聖戦テロの脅威 日本はジハード主義と闘えるのか
松本光弘
どうなるイスラム国。外事警察の司令塔の情報分析。佐藤優、高橋和夫、福田和也各氏絶賛！
920円 700-1 C

悲しみを抱きしめて 御巣鷹・日航機墜落事故の30年
西村匡史
悲劇の事故から30年。深い悲しみの果てに遺族たちが摑んだ一筋の希望とは。涙と感動の物語
890円 701-1 A

フランス人は人生を三分割して味わい尽くす
吉村葉子
フランス人と日本人のいいとこ取りで暮らせたら、人生はこんなに豊かで楽しくなる！
800円 702-1 A

専業主婦で儲ける！ サラリーマン家計を破綻から救う世界一シンプルな方法
井戸美枝
「103万円の壁」に騙されるな。夫の給料UP、節約、資産運用より早く確実な生き残り術
840円 703-1 D

「絶対ダマされない人」ほどダマされる
多田文明
「こちらは消費生活センターです」「郵便局です」……ウッカリ信じたらあなたもすぐエジキに！
840円 705-1 C

金魚はすごい
吉田信行
かわいくて綺麗なだけが金魚じゃない。金魚が「面白深く分かる本」金魚ってこんなにすごい！
840円 707-1 D

表示価格はすべて本体価格（税別）です。本体価格は変更することがあります